高中数学教学模式与方法探究

徐坤哲　著

学苑出版社

图书在版编目（CIP）数据

高中数学教学模式与方法探究 / 徐坤哲著 . — 北京：学苑出版社，2023.5

ISBN 978-7-5077-6700-1

Ⅰ．①高… Ⅱ．①徐… Ⅲ．①中学数学课—教学研究—高中 Ⅳ．① G633.602

中国国家版本馆 CIP 数据核字（2023）第 119598 号

责任编辑：乔素娟
出版发行：学苑出版社
社　　　址：北京市丰台区南方庄 2 号院 1 号楼
邮政编码：100079
网　　　址：www.book001.com
电子邮箱：xueyuanpress@163.com
联系电话：010-67601101（销售部）、010-67603091（总编室）
印 刷 厂：北京银宝丰印刷设计有限公司
开本尺寸：710 mm × 1000 mm　1 / 16
印　　张：11.5
字　　数：230 千字
版　　次：2024 年 1 月第 1 版
印　　次：2024 年 1 月第 1 次印刷
定　　价：68.00 元

作者简介

徐坤哲，女，硕士，一级教师，毕业于渤海大学，现任职于岫岩满族自治县岫岩高级中学，鞍山市骨干教师。多年来致力于探究高中数学教学模式与方法，累计获各级各类教科研奖项60余项。

前　言

数学是一种工具，推动着人类文明的发展；数学是一门基础学科，是除语言学外学好其他学科的基础；数学又是一种思想方法，训练人们的思维能力。可见，数学的学习对促进社会和个人的发展都有着积极的作用。解题在数学学习中至关重要，无论是对定理概念的理解、对思想方法的掌握，还是学生思维能力的提高，都需要通过解题来实现。掌握好一定的解题思维方法，可以使学习达到事半功倍的效果。

随着新课改的逐步推进，数学已经不再是一门单纯的技术性学科，而逐渐发展成一门综合性的学科。数学与其他学科一样，也有丰富的历史，在高中数学的教学中进行数学文化的渗透学习，能够使学生在了解历史、了解文化的同时更好地掌握和理解高中数学的知识，激发学生学习数学的积极性。数学教学是高中教育阶段的重要内容，可以直接影响学生的思维判断能力和社会适应能力，传统的数学教学多是将重点放在数学方法的应用上，对于培养学生的创造性思维帮助不大。而将数学文化充分渗透到高中数学教学中，可促使数学教育形成一个完整的体系，以充分激发出高中生在数学学习方面的主观性，进而形成文化上的共鸣。

总之，数学不仅是教学中的一门学科，更是生活中的一种文化，为了能够保证学生对高中数学有全面的掌握，就要在课程中适度地渗透数学文化，只有知识和文化两者融为一体，才能够培养出适合社会发展的优秀数学人才。数学文化的渗透，对教学者提出了新的要求，也在一定程度上促使我国数学教育迈向新的高度。

作者在写作本书的过程中，曾参阅了相关的文献资料，在此谨向涉及的作者表示衷心的感谢。由于水平有限，书中内容难免存在不妥、疏漏之处，敬请广大读者批评指正，以便进一步修订和完善。

徐坤哲

2023 年 2 月

目　录

第一章　高中数学教学概述 ·· 1

第一节　数学教学知识 ·· 1

第二节　高中数学教学的重要性 ···································· 6

第三节　高中数学学科及教学特点 ·································· 11

第二章　高中数学教学创新策略 ···································· 16

第一节　高中数学高效课堂的定义与构建 ························ 16

第二节　信息技术与高中数学教学有效整合 ···················· 25

第三节　基于核心素养的高中数学教学 ························· 27

第三章　高中数学课堂教育模式的构建 ······················· 30

第一节　高中数学课堂有效教学策略 ···························· 30

第二节　运用小组合作学习模式改革高中数学教育 ·············· 39

第三节　高中数学课堂教学模式中的示错教学策略 ·············· 45

第四节　高中数学教育作业模式探讨 ···························· 52

第五节　高中数学课堂教育中学生自主学习能力的培养 ·········· 55

第六节　高中数学解题过程中学生反思能力的培养 ·············· 66

第七节　探究情境教学对高中数学课堂教育的意义 ·············· 68

第四章　高中数学"问题驱动"教学实践 ····················· 75

第一节　"问题驱动"的概述 ·································· 75

第二节　高中数学新授课中"问题驱动"的建构思路 ············ 81

第三节　高中数学复习课中"问题驱动"的教学策略 ············ 83

第四节　还原高中数学概念自然性的教学策略 ·················· 84

第五节　探究高中数学课堂问题的教学策略 ···················· 85

第五章　高中数学教学与信息技术整合的教学实践 ·············· 86

第一节　信息技术环境下的数学教学模式 ······················ 87

第二节　信息技术在高中数学教学中有效应用的原则 ·········· 93

第三节　信息技术在高中数学教学中有效应用的实现途径 ········ 100

第四节　高中数学教学与信息技术整合的教学实践 ·············· 103

第六章　高中数学深度学习教学方法 ·························· 110

第一节　深度学习概述 ······································ 110

第二节　深度学习的数学课堂教学行为 ························ 113

第三节　高中数学深度学习教学方法的准备阶段 ·············· 123

第四节　高中数学深度学习教学方法的预热阶段 ·············· 126

第五节　高中数学深度学习教学方法的主体阶段 ·············· 129

第六节　高中数学深度学习教学方法的评价阶段 ·············· 135

第七章　高中生数学学科核心素养的培养 ···················· 138

第一节　培养高中生数学抽象核心素养的教学策略 ············ 138

第二节　培养高中生逻辑推理核心素养的教学策略 ············ 143

第三节　培养高中生直观想象核心素养的教学策略 ············ 148

第四节　培养高中生数学运算核心素养的教学策略 ············ 152

第八章　高中数学教师的专业化发展 ·························· 155

第一节　教师专业化发展的理论基础 ·························· 155

第二节　学校采取措施支持教师专业化成长 ·················· 164

第三节　信息技术促进高中数学教师专业化发展 ·············· 168

第四节　电子备课推进数学教师专业化发展 ·················· 170

参考文献 ·· 174

第一章　高中数学教学概述

数学是科学的大门和钥匙，数学是高中阶段的重要学科，它不仅是学习物理、化学、计算机和升入高等院校继续学习的必要基础，而且对学生的终身发展具有较大的影响。在教育界，教与学始终是一对不可回避的矛盾，如何唯物辩证地处理好这对矛盾，达到教与学共赢的目的，是教育界同仁们共同关注和探讨的一大课题。

第一节　数学教学知识

一、教学概述

（一）教学的概念

关于什么是"教学"，有人认为"教学就是传授知识、技能"，有人认为"教学就是上课"，也有人认为"教学就是智育"。

这些观点似是而非，粗看起来虽不无道理，但深究起来却不难发现，这些观点都没有揭示出教学的科学内涵。从第一种观点来看，传授知识技能固然是教学的首要任务，但绝非唯一任务。同时，教学是包括教师的"教"和学生的"学"的双边活动，而传授知识技能只反映了"教"一方面的活动，却未能反映"学"的活动。第二种观点是从教学的组织形式来给教学下定义的，但这也不完整，因为教学除了以课堂教学为基本组织形式外，还有其他的组织形式，所以教学也不能等同于上课。第三种观点，"教学"与"智育"则是既有区别又有联系的两个概念。教学是学校实现教育目的的基本途径，属于学校教育活动（或工作）的范畴，它与学校其他工作如思想政治工作、体育卫生工作、后勤管理工作等并列；智育则是社会主义全面发展教育的组成部分，属于教育内容的范畴，与德育、体育、美育、劳动技术教育并列。

教学除了要完成智育的任务外，还要完成其他教育的任务，是全面发展教育的具体实施方式或途径。智育除了以教学作为主要途径外，还有其他途径，如课外教育活动、社会实践等。因此，智育和教学并非对等、统一的关系，而只是部分交叉的关系。

因此，上述三种观点，实质上是把教学简单地等同于"教书"的传统教学观，这在理论上是不完整的、模糊的，对教学实践和教学改革等是一种极大的束缚。

教学的科学含义应当是教师指导学生积极、主动地学习系统的科学文化和知识技能，发展智力和体力，培养能力，形成良好的思想品德和审美情趣的一种最基本的学校教育活动，也就是说，教学是在教师引导和学生参加下的教与学的统一活动，其目的是使学生掌握一定的知识技能，并获得身心各方面的全面发展。由此可见，教学不单纯是教书，而是通过教书来达到育人目的的教育活动。

教学与教育这两个概念之间也是既有联系又有区别的，是部分与整体的关系，教学是包含在教育之内的，是学校进行教育的一条基本途径。

（二）教学的特点

教学是学校进行全面发展教育的基本途径，是教师教、学生学两方面的统一活动，教学的特点有以下几方面：

第一，教学以培养全面发展的人为根本目的，教学通过系统知识技能的传授和掌握，促进学生身心的发展。

第二，教学由教与学两方面组成，教学是师生双方的共同活动，教学双方在活动中相互作用，教师的教服务于学生的学，学生的学是在教师的指导下学习。

第三，教学具有多种形态，是共性与多样性的统一，教学具有课内、课外、班级、小组、个别化等多种形态，教师和学生共同进行的课前准备、上课、作业练习、辅导评定等都属于教学活动。

第四，学生的认识活动是教学中的重要组成部分。

（三）教学的意义

教学是贯彻教育方针，实施全面发展教育，实现教育目的的基本途径。教学工作的具体意义如下：

第一，教学是传播系统知识、促进学生发展的最有效的形式，是社会经验的再生产，是促进社会发展的有力手段。

第二，教学是实施全面发展教育、实现培养目标的基本途径，为个人全面发展提供了科学的基础和实践，是培养学生个性全面发展的重要环节。

第三，教学是学校教育的中心工作，学校教育工作必须坚持"教学为主，全面安排"的原则，必须坚持教学的主体地位。

二、数学教学概述

（一）数学教学的概念

从"教学"一词的语义上分析，数学教学是数学活动的教学，这个活动，可使学生掌握一定的数学知识，习得一定的数学技能，经历数学的活动过程，感受数学的思想方法，发展良好的思维能力，获得积极的情感体验，形成良好的思想品质。

人们对数学教学的认识是不断发展和深入的，有些认识更加符合数学教学的规律，如强调师生双边活动、强调师生在数学教学活动中共同发展、强调数学教学不仅是知识的教学还应该提高学生对数学及其价值的认识、关注情感因素在数学教学活动中的作用、全面认识教师在数学教学活动中的角色等。

苏联数学教育家斯托利亚尔把数学教学定义为数学（思维）活动的教学。数学教学既可理解为思维活动的结果，又可理解为思维活动的过程。现代教育理论从培养人才的需要出发，越来越强调教学的过程（思维的过程），越来越强调培养学生能力，特别是思维能力的重要性。然而教材编写篇幅的限制，较多显示的是数学结论，对数学结论里面所隐含的数学思想方法以及数学思维活动的过程，教材则较少提及。为了让学生较好地理解与掌握数学的思想方法，教师应精心设计课堂教学过程，展示数学思维过程，这样才有助于学生了解其中数学思想方法的产生、应用和发展过程，理解数学思想方法的特征、应用的条件和掌握数学思想方法的实质。

（二）数学教学的特点

1. 突出知识性的具体目标

（1）教学过程中对目标细化具有可操作性

为了使大纲、课标提出的目标在教学中落到实处，各级教研部门用带有具体特征的各种行为动词对目标的具体含义做了详细的描述，从而使目标的实现具有可操作性。

（2）每章、每单元和每节课都有细致的目标

我国在落实教学目标上对"双基"采取了强有力的措施。教学目标细化到每章、每节、每课，教师严格按照这些层次的目标教学，而且为了完成教学目标，教师对课堂教学的各个环节设计了切实可行的步骤，一步不落按部就班地进行。这些做法与布卢姆目标教学（认知、能力、情感）在形式上有某种联系，似乎获得了一定的理论支撑。课堂教学中对各个目标的落实，还体现在教学的例题和练习题中，用"模仿性练习题""干扰模仿性练习题""选择运用性练习题""选择组合性练习题""综合运用性练习题"等体现不同目标层次的数学习题的训练，来确保各个目标的要求落到实处。这些细致的目标实质上以知识、技能为主，而教学成效的检测最终仍以考试成绩来评价，虽然也兼顾能力目标，实际是辅而不为，在很大程度上目标的细化还是应试的产物。

2. 善于由"旧知"引出"新知"

（1）由"旧知"引出"新知"是我国数学教学的主要方法

我国的数学课堂教学中，绝大多数新知识是由旧知识引入的，这基本符合人的认识规律，也与现代认知主义理论、建构主义思想一致。课堂教学多以复习提问的形式开始，教师设计一系列问题，在学生对与新知识相关的已知内容的"温故"中，让新知识的内容意义逐渐露出端倪，自然而然地"流淌"出来。由"旧知"引出"新知"可能导致两种可能的教学形态。一种形态是使学生从旧知中产生困惑或新的情境——形成和激发认识新知、发现新知、获取新知的欲望和行动，一起经历知识发生、发展的过程。这无疑是应该追求的理想的教学形态。另一种形态是淡化从旧知识到新知识的发生发展过程，甚至会直接把新知识告诉学生，只要所谓"会用"就行了。这很容易造成学生成为被动接受知识的容器，这当然是应该竭力避免的教学形态。

（2）需要适当加强由"实际问题"引入"新知"的方法

源于欧美的西方数学教学比较注重数学新知与现实生活及其他学科间的联系，并且力求在教材编写上也体现出来，使得数学的有关内容与多门学科和社会活动建立联系，其中包括科学、艺术、地理、气象、健康、消费和生活常识等。由"实际问题"引入"新知"，本质上也是由已知引出未知，但其中不仅包括已有知识，由于带有实际情境材料的介入，还包括已有的生活经验、实践经验和元认知感悟。这样，新知的引入既来自数学知识内部，又来自数学的外部，大大拓宽了"以旧引新"的意义，从而扩大了新知与已有知识、经验联系的范围，更容

易建构起新旧意义的联系。因此，中国的数学教学有必要在由"实际问题"引入"新知"方面适当予以加强。

3.注重新知识内部的深入理解

（1）新知识建立后，还要对新知识进一步辨析和深层次理解

在新知识的意义建立起来以后，往往还要对新知识进行深入的意义辨析，以期达到对新知识的深层次理解。采用的方法：或是对新概念或新命题中关键性语句进行咬文嚼字的分析，特别对关键词的理解更是突出强调；或是利用变式教学（辨析题、变式题）深入认识新知识的本质属性，概括出新知识的要义或注意点，梳理新旧知识间的联系，在辨析中加强理解。

（2）对新知识与现实生活的联系需要引起足够的重视

从对知识内在意义的联系中获得的认识，在认识水平上很可能低于从数学与现实联系中获得的认识。新知识与实际问题的联系，具有与实际情境密切相关的真实性、多变性、广泛性、复杂性等特点，这对提高认识能力有非常积极的意义。以欧美为代表的西方数学教育，更加重视解决与生活相联系的数学问题的能力，强调对数学价值和作用的理解。因此西方的数学教材中往往提供富有挑战性的作业题，这些作业题是在联系现实生活实际问题的基础上设计的，在难度上要求不高，强调的是学生综合能力的培养。

4.重视解题和关注方法、技巧

（1）重视解题是我国数学教学的重要特点

我国的数学教学十分重视解题。解题必须以概念和定理为依据，因而是对概念、定理的再学习。强调解题有利于对解题基本方法的熟练掌握，这有利于夯实基础。我国还非常重视解题思路的探求，注重一题多解，一法多用，这些对学生思维的培养和发展也有一定的积极意义。

（2）需要重视源于数学外部非常规题的问题解决

源于欧美的西方数学教育非常强调数学与生活、数学与其他学科的联系，数学教材也介绍了许多数学在实际生活中的使用，向学生展示了数学如何在多种学科中发挥作用。对于问题的设计趋于鼓励学生走向社会，亲自收集信息，甄别筛选信息，分析处理信息，而后归纳总结出结论。在这种非常规问题的解决过程中获得的是研究精神和一般科学方法的大观念、大方法，而解常规题则拘泥于具体操作和具体技巧。无疑，在注重小方法的同时，更加重视发展大方法，逐步实现向育人的大目标转变十分有必要。

5. 重视巩固、训练和记忆

（1）及时巩固、强化练习是我国数学教学的重要特点

中国的数学教学每课有练习，每节有习题，每章有复习题；课内有练习，课后有作业，单元有小考，学期有大考。基本理念是：趁热打铁，熟能生巧，拳不离手，曲不离口。这种对基本功训练的重视，从巩固练习的角度看有一定道理，有其必要和正确的一面，但"度"很难把握，很容易走向反面。数学教学的现实已经可以证明对"双基"的强化很容易过度，并且在中国现今的高中数学教学中已经过度，如果不注意发展和创新，就会发生"基础过剩"的现象。

（2）我国数学教学强调记忆方法

我国的数学教学强调记忆方法。常用的记忆方法有意义记忆、口诀记忆、图表记忆、对比记忆、联想记忆等。这些记忆的方法很多属于意义记忆的范畴，是学生牢固掌握知识的有力措施和有效方法，但是难在适度。过分强调记忆，即使强调意义记忆，也很容易转化为机械记忆、方法模仿、僵化操作，并会加重学生的学习负担。

（三）数学教学的意义

数学教学的意义在于体现教的过程性和创造性。教师是知识的传播者，学生是知识的接受者，传播者和接受者之间是双向促进的，教师通过自己丰富的学识和教学经验来引导学生进行知识的理解掌握，学生根据所学知识对教师的教学进行反馈。

数学教学是师生共同发展的一个过程，需要师生双方的共同进步。教师在教学过程中努力促进学生的发展，因材施教，提高学生的数学成绩，学生对教师教授的知识进行理解反馈，同时教师在教学过程中又不断提升自己的教学思维，师生共同进步，这才是数学教学的意义所在。

第二节　高中数学教学的重要性

一、高中数学的特点

（一）高中数学的抽象性

随着我国经济的高速发展，数学专业逐步得到充分的重视，我国各个行业中

对于数学的需求日益强烈，但是，数学教学中存在的种种问题对其整体的发展情况起到了严重的制约作用。可以说，通过对数学的抽象性的应用，能够对事物的发展规律起到非常有效的帮助，但是就目前的教学水平来说，这种作用显然还发挥得不够充分。

数学科学的高度抽象性，决定了数学教育应该把发展学生的抽象思维能力规定为其目标。从具体事物中抽象出数量关系和空间形式，通过把实际问题转化为数学问题的科学抽象过程，可以培养学生的抽象思维能力。

（二）高中数学的严密性

严密性是高中数学的重要特点，也是对教学活动的重要要求。观察和实验并不能作为论据的来源，只有经过严密的逻辑推理，才能够被认为是结论的依据。同理，在数学教学过程中，教师需要严密地控制教学语言的应用，尤其是教学活动中对不同的定理、定论的阐述，需要做出严谨的判定。教师的任何一点小小的失误，都会对实际教学效果产生极大的影响，会使学生对数学的认识产生非常大的变化。而这种变化一旦发生，就不是短时间内可以改变的。

高中数学的严密性是数学的重要特点，在数学的各个领域中都有广泛的应用。而这种应用并不仅仅是对高中数学教学的要求，同样也是对整体的推导过程的要求。这就要求高中数学教师在课堂教学过程中，必须重视引导学生通过数学结论的学习，进而对结论的整体推导过程有一个明确的认识，尤其是要知道数学结论是怎么证明的。因此，教师在日常授课过程中，应该重视对学生的学习能力的培养，为学生养成良好的数学学习习惯做出努力。同时在课堂教学内容的选择上，教师还应该对结论的推导做出有效的指导，帮助学生更好地掌握数学这门学科。

（三）高中数学的应用性

数学模型的应用对数学学科来说是非常重要的。在这种情况下需要任课教师重视对这种问题的讲解，通过对不同问题提供不同的分析理念来培养学生的实践动手能力。应该看到，数学的实际应用过程并不仅仅是一种工具、一种语言，更是一种严密的思维方式。教师在引导学生的学习过程中，必须重视这一问题。

1.数学应用具有普遍性

数量关系和空间关系在我们这个世界是普遍存在的。从理论上来说，整体宇宙中，这种联系都是不可分割的，可谓宇宙之大、粒子之微、火箭之速、化工之巧、地球之变、生物之多、日用之繁，无处不用数学。可见，在日常生活、工作和生产劳动以及科学研究中，数量关系和空间形式方面的问题是普遍存在的，数学应用具有普遍性。针对实际生活中存在的问题，教师应该做出重点分析，通过对学生自主探究能力的培养，为社会的发展提供必要的人才支持。

2. 数学应用具有广泛性

数学在社会各个领域中都有普遍的应用，这一特点已经是不争的事实。但是仅仅从高中的数学教学应用来说，对于学生的培养目标仅仅是为了提高学生对数学基本方法的应用能力，并不是为了培养数学家。所以在数学课程的设计过程中，需要重视数学应用的广泛性特征，从这一特征出发，重点培养学生的数学思维能力，引导学生用数学思维解决生活中的实际问题。

当然，现阶段的数学教学同样需要对学生的基本数学能力做出相应的培养。只有打下良好的数学基础，才能够为学生日后的实际数学知识需求提供必要的帮助。可以说，理工科学生，并不应该对目前比较热的奥林匹克竞赛等问题进行过多关注，而是应该对基础数学知识给予必要的重视。

二、高中数学教学的作用

（一）可以为学生提供解决问题的方法

高中数学教学不是全民教育，而是进一步提高文化科学素质的数学教育。但是，高中数学教学仍然属于基础教育，所以高中数学教学具有基础性。首先，经过高中数学教学，学生可以获得更高的数学素养，以适应现代生活。其次，高中数学教学可以更好地改善学生的数学思维和价值观。数学是锻炼思维的体操。学生通过高中数学课程的学习，可以建立和掌握空间观念及函数、极限、算法等重要的数学思想和方法，在形象思维、直觉思维、逻辑思维等方面可以得到更大的提高，有利于学生数学地认识问题、数学地分析问题、数学地解决问题。同时，在接受高中数学教育的过程中，通过解决更加具有挑战性的、具有更加丰富情境的数学问题，学生可以进一步提高辩证唯物主义认识能力，进一步培养实事求是、严谨认真、团结合作、质疑创新等良好的个人品质。另外，高中数学教学有利于提高学生的交流能力。高中数学课程进一步丰富了学生的数学语言、集合语言、算法语言、初等函数术语、三角函数术语、概率统计术语及图像等重要语言资源，有利于学生数学地思考，数学地交流，数学地做事，数学地做人。最后，高中数学是学习其他学科和升学深造的基础，无论是学习高中其他课程还是进入大学学习，任何一个学科几乎都离不开数学，因此，高中数学教学是承上启下的教学，是影响学生和谐发展的教学。

（二）可以提高学生的思维能力

在应试教育影响下，长期以来高中数学教学一味强调知识的传授，片面地认为数学思维能力等同于解题能力，导致绝大多数学生数学思维能力不足，听得懂课上讲授的知识点，却难以做到从容利用数学思维解决数学问题及与之相关的现实问题。高中数学教学是促进学生逻辑思维能力和抽象思维能力大发展的时期，也是促进智力发展的重要时期。

高中数学教学本质上是思维能力的教学，即学生在教师的指导下，学习数学思维，发展数学思维和智力。思维的过程直接决定着学生能否顺利地解答数学问题，也正因如此，学生由于其思维过程或方法在具体问题的解决时存在差异，而导致不同的人采取不同的方法进行解答，或者根本就不能解答。学生的创新思维能力是高中数学教师在教学过程中有意识地培养的，对提高学生高中数学知识的学习效果具有重要的促进作用。另外，创新思维能力并不是只停留在某一个阶段，如果学生不断进行创新思维能力的锻炼，那么将会养成运用创新思维思考问题的习惯，这对于学生进入更高学府、学习更深层次的知识会有较好的促进作用。

（三）可以发挥德育作用

由于在高考这根无形的指挥棒的作用下，数学课容易形成"重知识，轻教育"的"一手硬，一手软"现象。专业知识在课堂教学中是很重要的，如何强调都不过分，但在强调专业知识的同时，不能忽视德育的教育作用。德育的教育作用是很重要的，也是素质教育的目标。教师的职责就是通过专业知识的教学从侧面揭示现实世界，反映人类文明，这本身就是教育。数学教师要做到既教书又育人，就需要艺术，做到以真育人，以情感人，以德服人。

数学课是比较抽象的、枯燥的。数学课要想生动活泼，需要融德育于教学之中，教师就要开发情感资源。一个抽象问题的形象，一个同类问题的联想，一个恰当的比喻，一个智慧的幽默，一个生动的玩笑……所折射出的人生哲理，数学文化与数学人文精神所折射出的情感力量对数学是十分有利的，实践证明学生很喜欢听这样的数学课，且容易"亲其师，信其道"，在完成教学任务的同时，又能融洽师生感情。

三、加强高中数学教学的重要性

（一）加强高中数学教学是时代的要求

我们面临一个科学技术迅猛发展的时代。信息的数字化和信息的数学处理已经成为几乎所有高科技项目共同的核心技术。从事先设计、制订方案，到试验探索、不断改进，再到指挥控制、具体操作，处处倚重于数学技术。因此，加强高中数学教学势在必行。

（二）加强高中数学教学是数学学科自身特点的要求

1. 高度的抽象性

数学的内容是非常现实的，但它仅从数量关系和空间形式或者一般结构方面来反映客观现实，放弃了与此无关的其他一切性质，表现出高度抽象的特点。数学学科本身是借助抽象建立起来并不断发展的，数学语言的符号化和形式化的程度，是任何学科都无法比拟的，它给人们学习和交流数学以及探索、发现新数学问题提供了很大方便。虽然抽象性并非数学所特有的，但就其形式来讲，数学的抽象性表现为多层次、符号化、形式化，这正是数学抽象性区别于其他科学抽象性的特征。因此，培养学生的抽象能力非常重要。

2. 严谨的逻辑性

数学的对象是形式化的思想材料，它的结论是否正确，一般不能像物理等学科那样可以借助于重复的实验来检验，而主要靠严格的逻辑推理来证明，并且一旦由推理证明了结论，那么这个结论就是正确的。数学中的公理化方法本质上就是逻辑方法在数学中的直接应用。在数学公理系统中，所有命题与命题之间都是由严谨的逻辑性联系起来的。从不加定义而直接采用的原始概念出发，通过逻辑定义的手段逐步地建立起其他的派生概念；由不加证明而直接采用作为前提的公理出发，借助于逻辑演绎手段而逐步得出进一步的结论，即定理；然后再将所有概念和定理组成一个具有内在逻辑联系的整体，即构成了公理系统。一个数学问题的解决，一方面要符合数学规律，另一方面要合乎逻辑。问题的解决过程必须步步为营，言必有据，进行严谨的逻辑推理和论证。因此，培养学生的分析、综合、概括、推理、论证等逻辑思维能力也是高中数学课程目标之一。

3.应用的广泛性

自然科学的各个学科中都要用到数学知识，这是人所共知的。随着现代科学技术的发展和突飞猛进，数学更是成为必不可少的重要工具。在每门学科的研究中，定性研究最终要划归为定量研究来解释它的本质，数学恰好解决了每门学科在纯粹的量的方面的问题，每门学科的定量研究都离不开数学。当今，数学更多的是渗透入其他学科，影响其他学科的发展，甚至人们认为哪一门学科中引入了数学，就标志着该学科开始成熟起来。

在高中教育中，数学是重要的基础课程之一。数学学好了，会为物理、化学乃至其他课程的学习提供有利的条件，这对于进一步的学习和参加社会生产劳动都是很有利的。因此在确定高中数学课程目标时，必须充分考虑数学应用的广泛性。

4.内涵的辩证性

数学中包含着丰富的辩证唯物主义思想，揭示了唯物辩证法的许多基本规律。数学的内容中充满了相互联系、运动变化、对立统一、量变到质变的辩证法的基本规律。例如，正数和负数、常量与变量、必然与随机、近似与精确、收敛与发散、有限与无限等等，它们都具有存在的前提，失去一方，另一方将不复存在，而且在一定条件下可以相互转化。数学方法也体现了辩证性，例如，数学中的极限方法就是为了研究和解决数学中"直与曲""有限与无限""均匀与非均匀"等矛盾问题而产生的，这就决定了极限方法的辩证性。数学发展过程也充满了辩证性，三次数学危机的产生和解决过程，就给了我们深刻的启示。在高中数学教学中，充分揭示蕴涵在数学中的诸多辩证法内容，是对学生进行辩证唯物主义教育，使学生形成正确数学观的好形式。

第三节　高中数学学科及教学特点

一、高中数学的学科特点

高中是培养青少年成才的重要阶段，21世纪对人才的需求更侧重于学生理论素养以及逻辑思维能力的培养，而人才的培养主要是靠课堂教学的途径来实现的，因此，在时代快速发展的当今社会，若要培养高素质优秀人才，就必须突出新课堂教学特点。高中数学课堂就是其中的重点之一。高中数学课堂上强大的知识容量容易使学生产生烦躁感，降低学生课堂学习积极性。因此为提高高中生对数学课的学习兴趣，更好地提高高中数学课堂教学效率，打造高效特色数学课堂，如何按照新一轮教学改革要求完善创新高中数学课堂有效教学策略已成为高中数学教学的当务之急。高中数学具有逻辑推理强、抽象程度高、知识难度大的变化。强化思维训练代替原有的强化练习题训练，大大地提高了对学生智力、能力的要求。从高中数学这门学科教学的整体情况来看，其主要包括如下几方面的学科特点。

（一）教学内容庞杂，知识量扩大

高中数学教材中涉及很多的知识点，且知识点较为烦琐和庞杂，进而导致数学教学工作缺乏重点，影响到学生数学学习的效果，对学生的长远学习非常不利。高中的数学教材经过几次改进，内容变得更加复杂，每个知识点之间的跨度也加大了很多，这对学生的自学能力也是一个考验。

（二）教学知识难度大，学生理解得不充分

高中的数学知识是由几块相对独立的知识（如集合、命题、不等式、函数的性质、指数和对数函数、指数和对数方程、三角函数、数列等）拼合而成的，经常是一个知识点刚学得有点入门，马上又有新的知识出现。因此，注意它们内部的小系统和大系统之间的联系成了学习时必须花力气的着力点。

高中数学这门学科属于难度较大的学科，很多知识点难度非常大，加之部分学生在之前的阶段没有打好数学基础，影响到学生高中阶段的学习。

（三）教学任务重，课时有限

高中数学的教学课时非常有限，但是实际的教学内容较多，导致教学任务非常重，在课堂教学中常常出现教师赶进度的情况，影响到学生课堂学习的效率。因此，在高中数学教学中，教师应该结合这门学科的实际特点，积极地寻找更为有效的教学方法，不断地提高高中数学教学的效率，实现学生的长远发展。

二、高中数学的教学特点

（一）教学内容更注重逻辑性

在高中数学的教学内容中，以基础打头阵，以函数为主线，把集合、函数和映射、一次函数、二次函数、指数与对数函数、幂函数、分数函数、简单不等式等内容组合到一起。这样，就把这些基础性和工具性的内容放到了最前面，

不仅有助于学生对数学语言的了解，更有助于学生数学思维的形成。教材在重点引出映射与函数的概念后，又研究了几类基本初等函数的概念、图像及性质，这种函数主线实际上体现了高等数学中运用函数思想解决实际问题的策略，这样的刻意安排把高中数学放在了更高的位置上，有利于学生数学思维的可持续发展。

（二）高中数学教学要符合新课标要求

《普通高中数学课程标准（2017 年版 2020 年修订）》明确指出：新一轮的课程改革，要改善教与学的方式。教师要创设适当的问题情境，让学生主动地学习，自主发现数学的规律和问题解决的途径，使他们经历知识形成的过程。此外，通过自主探究、合作交流，将实际问题抽象成数学模型，并对此进行解释和应用。新课改最大的特点就是充分体现了"新标准"提出的新概念，更加强调内容新颖、自主探究、联系实际、活学活用，所有的这些都旨在培养学生的发散思维和创新意识，因此。在教学上，高中数学教师也应当紧跟新标准，科学地调试自身的教学方法，以贴合这一教学标准与教学目的。

（三）高中数学教学内容中的图形意识

图是高中数学的生命线，无论是高中代数、立体几何还是解析几何，其内容的形成都离不开图，各种各样的数学图形成为构题、解题必不可少的元素。很多时候，一个图形可以构成一道题目，与此同时，一个准确的图形可以清晰地表达一道题目的答案，懂得看图、用图、画图则是学好数学、培养思维能力的一个关键。

因此，在实际教学当中，教师要注重培养学生看图、用图、画图的意识和能力。并对每位学生的用图习惯加以指导，力争使每位学生都能够清晰、干净、准确地用图，通过解图能力、构图能力的培养，大大地提升学生的形象思维和逻辑思维的活跃度。此外，图的概念可以上升为形，在教学的过程中，不仅包括具体的形，还包括创造出的形，比如数列的学习，我们同样可以通过一个构形的过程去学习，将数列的学习通过一个图、形的概念去传达，必将在视觉上刺激学生的思维能力，从而影响学生的推理、分析，使得学生更加高效地学习和吸收新的内容。

（四）重视概念的系统化、整体化及其层次性的把握

对有些数学概念的理解，一般不是一次就可以完成的，教师应该有计划地

促使学生对其不断丰富和加深理解。一般可以通过单元复习或阶段复习的方式，使学生所学有关数学概念系统化和整体化，采用的方法可用类比启发式和归纳启发式。

例如，关于"垂直"概念的深化和系统化：

两条相交直线垂直：两直线相交所组成的角为直角时，称它们互相垂直。两条异面直线垂直：如果两条异面直线所组成的角是直角，则称这两条异面直线互相垂直。线与面垂直：如果一条直线与一个平面内的任意一条直线都垂直，就说这条直线垂直于这个平面。面与面垂直：两个平面相交，如果所成的二面角是直二面角，那么这两个平面互相垂直。

要对"垂直"的概念形成一个良好的认知结构，还需要进一步认识到空间的"线、面垂直""面面垂直"，都是在"线线垂直"的基础上得以发展和推广的；反之，这些存在于空间中的"垂直"又全都要转化为"线线垂直"来进行表示。数学概念的系统是一种多层次的复杂的结构，因此，理解和掌握数学概念就应该遵循由简单到复杂、由具体到抽象、由低级到高级的认识顺序。

（五）不能忽视师生情感交流

有些教师将预先设计好的或网上下载的课件输入电脑，然后不加选择地按程序将教学内容一点不漏地逐一展现，或片面追求多媒体课件的系统性和完整性，从组织教学到新课讲授，从巩固练习到课堂作业，每一个细节都有详尽的与画面相配套的解说和分析。至于这些内容是否适合学生，是否具有针对性，则无暇顾及。但其实在高中数学教学中，重视师生感情交流是非常重要的特点，也是教学中最为重要的师生之间的情感交流，让学生体验学习数学的价值就无从谈起，数学的教育性就大打折扣。

（六）要建立有效的教学方式，创设促进自主学习的问题情境策略

首先，教师要精心设计问题，鼓励学生质疑。其次，让学生积极开展合作探讨、交流得出很多结论。当学生所得的结论不够全面时，可以将问题留下让学生课后再思考、讨论，在下节课的时候教师可以将正确结论公布给学生，这样就有利于激发学生探索的动机，培养他们自主动脑、力求创新的能力。

（七）敦促学生培养良好的学习习惯

不同学习能力的学生有不同的学法，应尽量用学习比较成功的同学的学习方法。改进学法是一个长期性的系统积累过程，一个人只有不断接受新知识，不断

遭遇挫折产生疑问，不断地总结，才能不断地提高学习能力。不会总结的学生，他的学习能力就不会提高，挫折经验是成功的基石，自然界适者生存的生物进化过程便是最好的例证。学习要经常总结规律，目的就是进一步发展。要通过与老师、同学平时的接触交流，逐步总结出一般性的学习步骤，包括制订计划、课前自学、专心上课、及时复习、独立作业、解决疑难、系统小结和课外学习几方面，简单概括为四个环节（预习、上课、整理、作业）和一个步骤（复习总结）。每一个环节都有较深刻的内容，带有较强的目的性、针对性，要落实到位。

第二章　高中数学教学创新策略

传统高中数学教学过度关注学生对数学理论的理解程度，忽略了培养学生数学综合能力的重要性。随着课程的不断改革，学生能力的培养越来越受到重视。因此，高中数学教师应对传统的教学方式进行积极的转变，通过多样化的教学方式开展教学，并在实际学习中激发学生的主观能动性，凸显学生在学习中的主体地位。

第一节　高中数学高效课堂的定义与构建

一、新课程对高中数学课堂效率的要求

对于如何创建好高效的高中数学课堂教学模式，新的课程标准要求学生、师生之间通过数学活动进行互动、交流，从而得到共同、全面的发展。针对如何在有限的课堂活动时间内，使学生在数学认知能力和思维发展方面得到较大的提高，新课程标准对高中数学高效课堂提出了以下几个方面的要求。

第一，教学目标层次性。明确教学目标是高效课堂的前提和依据，根据高中数学教材的难易程度和学生的水平分层次设置基础目标、发展目标和高层目标。

第二，教学环节完整性。情境设置要生动，课堂活动中学生要积极主动地参与才能使课堂教学高效，教法指导要具体，课堂小结要有规律，创新作业要有拓展。

第三，教学评价激励性。课堂教学的主体是学生，关键要通过激励学生来提高学生的学习积极性。激励又分为负效应、点效应、短效应及长效应。负效应即教师行为失态，教学失控，讲课时无人理睬；点效应指的是只对个别学生有效的激励；短效应指的是只对部分学生在短时间内有效的激励；长效应指的是对学生长期有效的激励。教师要避免负效应和点效应，优化短效应和长效应。

第四，教学过程自主性。学生在教师的积极引导、点拨过程中，可以积极主动地参与到课堂活动中来，使教师、学生之间保持一个有效互动。

第五，教学氛围和谐性。教学氛围指课堂的氛围和情调，良好的氛围可以促使学生更好地学习。在老师的指导下学生自由动手、动脑、互动，才能达到新课改的要求。作为教师应当充分理解学生并能对他人的教学结果进行反思，通过课堂参与让学生获得对知识学习的积极体验与感受。

二、高效课堂的相关定义

（一）高效的定义

"高效"是对课堂教学活动实现的"质量"与"价值"的判断，是在教学活动中效果、效率、效益达到最大化的状态。教学效果是针对现实的教学活动结果和预期的教学目标吻合程度方面的评价。教学目标不是一成不变的，是会随着教育价值观等的发展而发生变化的。教学目标是现阶段基础教育教学的目标，不带有永恒性。教学效率往往用经济学的方法表达：教学效率 = 教学产出（效果）/ 教学投入，或教学效率 = 有效教学时间 / 实际教学时间。教学效益是指在教学活动中的收益和教学活动的价值的全面实现，换句话说，就是指对既定教学目标与特定的社会和个人的教育需求吻合程度方面的评价。社会和个人的教育需求不仅仅包括学生的需求，还包括教师、教育资料等课堂构成要素的需求，是比较广泛的。"高效"就是指这三个方面都达到最佳的状态，即课堂教学活动的理想状态。

（二）高效课堂

"高效课堂"，是指在常态的课堂教学活动中，通过教师的正确引导和学生的积极主动的思维过程，在单位时间里高效能、高效率地完成既定教学任务，促进学生能力发展最大化的课堂教学模式。高效课堂的基本要求：教学设计精当、教师讲课精炼有效、学生的主体作用充分发挥、分层教学落实到位、师生关系和谐融洽、教学目标与预期效果较一致。高效课堂的关键是学生，围绕这个关键重新构建两个关系：由传统课堂教学关系中的"唯教"到"唯学"，由传统课堂上师生关系中的"唯师"到"唯生"，也就是教师的目标在于服务学生的成长，课堂上最宝贵的教学资源是学生，"两唯"中的核心是学习和学生，倡导"让学习发生在学生的身上"。高效课堂应具备三大特性：主动性、生动性和生成性。高效课堂是把新课标的三维目标加以具体化变成可操作的目标，即实现了从知识到兴趣，再到能力提升，最终抵达智慧的飞跃，简单地说，是立足于"学会""会学""乐学""创学"。高效课堂是在追求"三维目标"的基础上，实现更高层次的教育模式，即要求超越原有的知识技能、过程方法、情感态度价值观的三维目标，提升到通达智慧的层面，实现教育的"思维目标"。传承人类文明和推动社会进步的力量，严格来说，靠的正是智慧，如果课堂只能给学生知识却不能最终形成智慧，那课堂纵然能够实现"三维目标"，仍旧是有缺陷的，而高效课堂恰好能够较好地补上这个漏洞。高效课堂把"自主、合作、探究"当作研究重点加以阐述和发展，在课堂环节上要求做到有"预习、展示、反馈"，在学习方式上转变为"自学、互学、群学"。高效课堂的核心是"学习能力"的提升，因而高效课堂认为是素质教育的"素质"，其主要内涵就是学习能力，课堂教学一旦仅有知识而离开了对学习能力的培养，这样的课堂是低层次的甚至是应试的课堂教学。高效课堂倡导以培养学生的学习能力为出发点，锻炼学生的自主参与能力——让学生能够动起来，与知识直接对话。这个过程就是"学习"，学习就是经历，即要经历失败、反馈、矫正。

三、高中数学高效课堂的构建

（一）高中数学高效课堂模式的内涵及具体阐述

高效课堂具有以下几个特点：教学内容和方法的抽象性、严密的逻辑性、知识的系统性和运算的准确性，使学生能够通过课前预习，对课堂所学知识有充分的掌握，在课堂上解决自己所遇到的疑问，而课后则是对课堂知识进行巩固，将课内与课外进行完美的结合。

教学模式就是结合学生和教学素材、目标的特点，在科学的教学理论指导下，设计出合理的教学过程，并给出相应的教学策略和教学方式。教学模式把教学理论抽象出来结合具体的教学经验，为教育工作者提供了有效的教学策略和方法。

把教学模式的概念和高效课堂的概念相结合，就得到了高中数学高效课堂教学模式的含义，即在每一节数学课上，要结合数学学科的特点，为达到学习效果的高效，设计出的教学过程结构及其相应的教学方式、教学策略。

它的具体阐述如下：

一节课按 45 分钟大致分为三大块，时间划分比例为 5：1：2。

第一环节大概占半个小时时间，此环节要围绕学习目标，由教师组织，各小组学生充分展示互动，产生大讨论，此环节是本节课的主体。展示课上教师要设计恰当的情境引燃学生的激情，激发学生求知的欲望，让学生的展示像干柴烈火一样熊熊燃烧。

展示环节的主体是学生，该环节是学生与学生相互提出问题、小组合作讨论问题、得出结果展示问题的重要环节。在这种课堂上，每个学生都是平等的，每个学生都有发言权，每个学生都能有自己的想法，每个学生都能说出自己的想法。这既是一种充满竞争而又非常和谐的课堂，又是一种充满活力、充满生机的课堂。教师要对学生活动及时做出评价，及时引导和点拨学生。教师要尊重每一个学生，要根据学生的课堂表现，灵活地做出调整。展示环节不仅是对知识的展示，更是对知识的升华。

此环节的展示内容主要是针对新知识的预习情况的一个反馈，小组可以通过讲解、小品、相声、话剧、情景剧、快板、歌谣、打油诗等不同的形式把知识展示出来，共同分享学习成果。其中还有学生的点评、纠错、总结。对于一节展示课来说，在短短的半小时内，有如此多的学生参与，有如此多的思维碰撞，有如此多的情感体验，再加上老师的有效点拨、积极评价鼓励和学生的即兴发挥、临场应变，无不显示出这节课之和谐、高效。

第二环节大约 5 分钟，这个环节的主要任务就是反馈，进一步检查落实情况，全面提升学生的知识、能力、情感等。根据当堂所学内容灵活进行检测，使学生对知识掌握更牢固。

第三环节大约 10 分钟，这个环节的主要任务就是查漏补缺，要根据不同课堂的进度及难易程度进行。此环节时间比较随机，可由老师及学生随机分配，以实现数学课堂的真正高效。

高效课堂教学模式的流程如下：

教师集体备课（编制学案，教学设计）→预习学案（学生自主学习，小组探究，教师指导）→课堂展示（学生展示探究问题，老师及时引导点拨）→当堂检测（检查落实，知识反馈）→课堂小结，总体评价→查漏补缺，随机分配

（二）高中数学高效课堂模式的标准及原则

《义务教育数学课程标准（2022 版）》基于将数学的内涵建立在广义的文化意义上，进而对数学课程性质和课程目标做出全新的定位。围绕《义务教育数学课程标准（2022 版）》的基本理念，高中数学高效课堂教学模式的标准由此制定，这是广大教师必须明确的。在实施高效课堂教学模式时要遵循以下几个重要原则。

1. 科学性原则

数学本身就是一种科学，根据数学的含义可知，数学是关于量的科学、数学

是关于演算的科学、数学是关于论证的科学、数学是关于模式的科学。任何模式的实施都必须以科学性为前提，也是本模式实施的最基本原则。构建高效课堂教学模式的理论、流程以及课堂所用的学案等都必须是可信的、科学的。模式的实施过程必须符合学生的认知规律，以先进的教育理论为指导，教学目标要明确，教学内容要准确，教学重难点要突出，教学设计要符合学生的认知与能力。教师掌握科学性原则不仅可以树立正确的数学观和数学教育教学观，还可以把这种数学教育的价值传递给学生。所以，教师在应用高效课堂教学模式时无论在程序的实施上还是内容的选择上一定要有科学性。

2. 创新性原则

创新已成为现代教育的代名词，高效课堂教学模式正是为了提高课堂效率，改变以往以老师讲解为主的灌输式教学现状而建立的以教师为主导、以学生为主体的课堂教学新模式。不仅是教师在教学过程中的模式、方法、活动有所创新，更重要的是要注重培养学生的创新意识。这种意识的培养正是数学教学的重要任务，我们在平时数学教学中要重点体现出来。数学创新意识是在建立了一定数学知识体系和数学方法体系之后所形成的一种数学发现意念或动机，是一定数学情境下的灵感，为了更好更有效地激发学生的创新意识，教师在教学过程中应做到以下几点：第一，激发学生的问题意识。教师要根据所授内容，提供一些利于学生思维发展的问题情境，引导学生多思考、多提问，还要有效引导学生，使他们主动积极地去解决提出的问题，从而培养学生解决问题的能力。第二，注重学生的合情推理。教师在教学过程中要启发学生去考虑知识的来龙去脉，引导学生观察材料，通过类比、分析，归纳、概括和猜想规律，进而加以合理验证；第三，发展学生的思维模式。在教学过程中，教师要给学生足够的空间，让学生思考数学知识及数学方法，交流自己的想法，总结得出结论，布置任务要适度，要布置适合学生能力的任务，让学生不断体验成功的喜悦，最终，使学生形成自己特有的思维模式。

3. 趣味性原则

高中数学是一门逻辑性非常强，并且非常抽象的学科，课堂是学生获得知识的重要场所，教师应该在课堂的方方面面提高趣味性，把学生的兴趣吸引过来，让学生都喜欢上数学。教师在教学过程中应该做到以下几点：第一，创建温馨和谐的课堂。学生只有在轻松、和谐、温馨、平等的环境下，才能提高学习兴趣，才能促进思维发展，才能对数学充满热情。第二，教师要诙谐幽默、平易近人。学生都喜欢诙谐幽默的老师，老师的幽默感可以驱赶数学课堂的沉闷乏味，可以打开学生的思维，活跃课堂气氛，从而可以促进数学高效课堂的顺利实施。

4. 情感性原则

情感是人对客观事物的内心体验，也是对客观事物是否满足主观需要的评价的反映。传统的课堂模式过于注重知识的传授，忽视学生情感的体验。实施新课改以来，越来越多的教师和课堂开始重视学生能力的培养和情感态度与价值观的培养。每节课的学习目标都是三维目标，都会体现每节课的情感态度与价值观。教师在教学过程中应该做到以下几点：第一，不但重视在学习过程中引导学生进行积极的情感体验，还要从数学学习之外的活动中不断寻找体验的源泉；第二，重视学生在数学学习中不断探索、猜测，培养学生积极科学的态度和观念，丰富学生数学学习的情感体验；第三，不仅培养学生养成独立思考的态度，还要培养师生之间、生生之间的合作学习，让学生体验自学、对学、群学的不同感受。

5. 参与性原则

现在课堂教学提倡以学生为主体、老师为主导，课堂上要充分调动学生的积极性，让学生全身心投入课堂学习中去。只有学生主动参与到课堂学习中去，才能实现真正的高效课堂。学生的主动参与，不仅能激发学生的学习兴趣，还能提高学生的学习效率，培养学生积极向上、充满自信的生活态度。

6. 教育性原则

教师的职责不仅是教书，更重要的是育人。我们所实施的高效课堂教学模式不是为了让课堂有多么的华丽，有多么新奇，而是想利用这种模式创建一种温馨和谐的环境，能够让学生在这种模式下发现自己的优点，找准自己的定位，能够在每一节课都体现出自己的价值，能够在合作中学习知识，能够在探究中完成任务，能够师生之间互相尊重，学生之间互相帮助，能让学生感受到整个班级就是一个集体就是一个家庭，把每一名学生都培养成充满自信、积极向上的好人才。

（三）构建高中数学高效课堂的策略

构建高中数学高效课堂，需要教师和学生做的内容非常多，可以从以下几个方面做起。

1. 教师的高效教学

（1）准确把握课堂容量

高中课堂一节课就是 45 分钟的时间，一节课的课堂容量有多大，需要我们准确把握。课堂容量就是教师在课堂上讲解的内容量。对教师来说，课堂容量越大，越容易完成教学进度；对学生来说，课堂容量越小，掌握知识越彻底，理解课堂内容越准确。准确的课堂容量有一个标准，就是一个学期的教学进度，分解到每节课中的内容量。它应该是教师的课堂容量的最小值，否则就不能完成教学进度。每一个学生每一节课都有一个可接受的最大容量，这个最大容量就是教师的课堂容量的最大值，超过这个容量，学生接受不了，教师讲课等于不讲。如何把二者有机地结合起来，找到二者的一个平衡点，既能完成教学进度，又能让学生很好地接受，是每一个教师应该考虑的问题。这个平衡点，就是这节课的准确的课堂容量。

教师首先要在学期开始就对本学期的教学计划和教学进度心中有数，并且将教学进度细化到月、到周、到日，这是教师讲课的标准容量，课堂容量或大或小都不能偏离它太远。然后区分教学内容相对于本班学生的学习难度，最好对每一周、每一节课的难度都心中有数。这样教师就可以根据学习难度合理安排教学容量，学习难度低一些的可以增加容量，学习难度高的可以让容量减少一些；也可以将学习难度高低搭配，让每个课堂都有起伏，每一节课都充满激情。教师还需要了解学生课堂能接受的最大容量，教师的课堂容量以不超过学生课堂能接受的最大容量为前提。因此，教师需要经常与学生沟通，了解学生的学习情况，了解学生学习的第一手资料；不间断地批改学生的作业，了解学生对课堂内容的接受程度和接受潜力；需要不断地有意识地改变课堂容量，观察学生的课堂最大接受容量。课堂容量不是一成不变的，要根据学生的课堂反应随时进行调整，根据学生的变化而随时调整的课堂才是高效的课堂，这样的课堂容量才是正确的课堂容量。

（2）高效组织课堂教学活动

教师在课堂上高效地组织教学是决定课堂高效的主要因素之一，那么教师应该如何来组织课堂呢？学习是学生的事情，是其他任何人包括教师在内不能代替的，只有学生自己才能解决，所以有效地调动学生的学习积极性就是高效的组织教学。高中数学是一门理论性比较强、比较抽象的学科，和现实的实践生活联系不多，要想调动学生的课堂学习积极性，就需要动脑筋想一些方法。

（3）有效的教学方法

教无定法，教无常法，没有固定的教学方法，只要学生接受，就是有效的教学方法。一个教师也不能只有一种教学方法，随着教学内容的不同、学生的不同，教师就要采用不同的教学方法。但是教育教学是一门科学，是有规律的，是有方法的，哪种教学方法更有效？可以从以下几点来探讨：

第一，不管采用哪种教学方法，都要以学生为中心，这是素质教育的要求，是信息时代的要求。现代社会已经进入信息时代，各种新知识、新技术、新学科层出不穷，在学校学习的内容只是人生所要掌握内容的一部分，在学校的学习必须为日后的学习提供方法。这就要求教师在学校不仅教给学生知识，还要教给学生如何掌握知识，只有以学生为中心，围绕学生进行教学，以学生为主体，才能达到这种要求。教师在课堂上不管采用发现式教学法、启发式教学法、合作式教学法等教学法中的哪一种，都要围绕具体学生的思维逻辑特点进行，制造有利于学生学习数学的教学情境，帮助、启发学生进行知识的再发现、再创造。教师不仅是知识的传授者，也是学生学习的引导者、组织者和合作者，从某种意义上来说，后者的意义更加重要。学生之间的组织、合作能力与学生的再发现、再创造能力就是学生的素质，是学生离开学校后立足社会的关键。

第二，每个班级里都有几十名学生，每个学生都有不同的思维逻辑特点，都有自己的学习方法，都有自己的学习之路，教师要因材施教，根据学生的特点进行教育。课堂上只有一个教师教学，只能讲解一遍，几十个学生听同一节课，怎么因材施教呢？这就要求教师充分了解班内的每一个学生，课堂上所讲内容尽量适合大多数的学生，或者是适合所有学生的大多数内容，剩下的小部分内容或者小部分学生可以利用作业或课余辅导来解决。

（4）精心选配适合学生的分层作业

现在的高中生从高一开始就出现了"课堂认真学习、课下被动地应付作业，每天都很累却收获很小"的现象，以至于有的学生出现了学习倦怠现象，逐渐失去了对数学的学习兴趣。

2. 良好的课堂环境

（1）愉快高效的课堂氛围

课堂氛围是课堂教学的土壤，只有土壤肥沃，成功的种子才能苗壮成长。教学，就是教与学，教师的教，学生的学，无论是教还是学，都要在课堂氛围这个环境中才能生根发芽。课堂氛围也需要教学双方当事人教师和学生来共同创造、共同维护，二者缺一不可。

（2）和谐的师生关系

金无足赤，人无完人，教师和学生都是普通人，都有普通人身上的缺点和短处，如果把这些都看在眼里、记在心上，教师和学生之间就没有办法相处，也不可能互相学习了。

如何使教师和学生之间和谐相处呢？那就要求教师和学生都要互相谅解，互相包容。教师要习惯于学生有缺点，没有不存在缺点的学生，教师都希望自己教的学生聪明、勤奋、遵守纪律、尊敬师长，事实上是不可能的。"龙生九子，各个不同"，更何况班内的学生来自各个不同的家庭，有不同的家庭教育背景。高中生是一个半成品，经历过不同学校的不同班级的管理、培养，经历过许多教师的不同教学风格的学习，也经历过许多教师的不同管理风格的熏陶，很多学生的学习习惯、学习方法、学习思维已经形成，他们已经非常习惯于某一种管理模式、某一种教学方法、某一种学习方法，不同学校的学生、不同班级的学生、不同教师教过的学生的习惯是不一样的。这些事实，教师要看在眼里、记在心里，对这一切要坦然地接受。

3. 学生的高效学习

（1）充分的课前预习

充足的课前准备是课堂高效的前提。教师要为学生布置明确的预习作业，让学生的预习活动变得充实而有效，防止预习不到位而引发的课堂教学阻塞。进入高中伊始，学生面对繁重的数学课堂学习会有一定的畏难情绪，教师要利用课前预习环节，引导学生通过自主学习掌握一些基本概念。比如，映射、集合、函数等，让学生了解这些概念之间的关系，以及他们之间的异同。学生在充分预习的基础上，会对教师的讲解分析有更清晰的认识，同时，也能与教师的教学思路保持一致，不至于被某个小问题绊住，阻碍学生思维的发展。这样课堂教学效率自然能够得到保证，高效课堂也有了必要的基础。

（2）全程参与

无论教师的讲解还是学生的交流合作、探究发现、做题反思，都需全程参与，以达到更新旧知识构建新知识体系的目的。

（3）高效的学习方法

学生的学习方法是在教师的指导下，根据自身的思维特点和学习习惯，在潜移默化中培养起来的。由于每个学生的外部环境、自身特点存在差异，因而他们的学习方法也不尽相同。为此，教师要结合所学内容的知识特点和学生的个体差异，有针对性地指导每个学生的学习方法。

（4）师生互动，培养学生创新思维能力

教师的"教"和学生的"学"是相辅相成、相互作用的，在课堂上还应强化师生互动，努力培养学生的数学思维能力和思维品质，提升学生的创新思维能力。同时，加强发散思维训练，培养学生的创新能力，打破墨守成规的思维定式，培养学生的创造性思维意识与能力。教师可通过一题多解和一题多变的方式来培养学生的发散性思维，在教学中用一题多解可变单向思维为多向思维，这一方法对培养学生思维的灵活性和创新能力是比较有效的。

第二节　信息技术与高中数学教学有效整合

一、信息技术与高中数学教学整合的现状

自教育部提出"班班通、堂堂用"的明确要求后，以"班班通"建设为代表的新一轮信息化环境硬件建设已在全国范围内基本完成，但硬件建设的完成，并不代表应用水平的提高。就目前高中数学教学的现实而言，还不能认为已经实现了信息技术与高中数学教学的有效整合。高中数学教学很多情况下还是以传统教学模式为主。

目前公认的信息技术教育应用大体经历了三个发展阶段：计算机辅助教学（CAI）阶段，主要是利用计算机的快速运算、图形动画和仿真等功能辅助教师解决教学中的某些重点难点问题，以演示为主；计算机辅助学习（CAL）阶段，计算机的教育应用逐步从以辅助教为主转向以辅助学为主，也就是强调如何利用计算机作为辅助学生自主学习的工具；信息技术与课程整合（IITC）阶段，在这一阶段，通过将信息技术有效地融合于各学科的教学过程来营造一种信息化教学环境，实现一种既能发挥教师主导作用又能充分体现学生主体地位的以"自主、探究、合作"为特征的教与学方式，从而把学生的主动性、积极性和创造性充分地发挥出来，使传统的以教师为中心的课堂教学结构发生根本性变革——由以教师为中心的教学结构转变为"主导－主体相结合"的教学结构。

二、信息技术与高中数学教学整合的意义

首先高中数学教学与信息技术整合有利于丰富教学资源。在高中数学教学中，由于数学自身具有较强的抽象性，学生在理解的过程中会加大难度，在与信息技术整合之后，教师可以利用信息技术中的百度等搜索引擎获取相关的资源，从而

为学生在对数学知识进行理解的时候提供帮助，而且还可以利用信息技术加工数学资源。

其次，有助于演示和展示数学知识，将高中数学教学中的教学内容利用信息技术展示出来，可以增强教材的灵活性，打破传统教材的局限。如在"圆锥曲线"教学过程中，教材中的图形都是不可以变动的"死图"，二次曲线的形成过程很难通过这些图形看出来，而且由于教学中黑板、教师的画图技术等局限，导致很难将其形象地画出来，这就给学生的理解加大了难度，而在数学教学和信息技术整合之后，教师在讲解这方面内容的时候就可以使用多媒体技术生动展示出圆锥曲线的形状变化等情况，而且还可以将看似不相关的双曲线、抛物线、椭圆之间的内在联系形象地演示出来，以此来使学生掌握更多的数学知识。

最后，有利于加强学生之间、师生之间的交流合作，教师和学生可以利用信息技术的通信功能、交流功能（如使用 QQ、微信等软件技术）等进行交流。针对学习中遇到的难点共同探讨，使学生及时地解决学习中的疑难，提升学习质量。

三、信息技术与高中数学教学整合的策略

（一）坚持整合的基本原则

信息技术整合高中数学教学的基本原则有三个方面，首先是将信息技术与传统教学方式相结合，实现两者的优势互补，从而促进信息技术的高效利用；其次，对知识点的重要性进行划分和整理，帮助学生建立良好的学习顺序；最后，加强教师与学生的沟通交流。因为教学活动是教师和学生共同完成的，所以两者间的互动对教学质量有很大影响。

（二）使用连续化和动态化的图片教学方式

在高中数学教学的过程中，数学知识的抽象性较强，学生对数学教学中的图片一般有很高的兴趣。但是在图片处于静止状态下的时候，学生很难将注意力完全集中到图片上，所以要让图片尽量保持动态化和连续化，从而保证学生有效完成相关知识的学习。

（三）让学生的主体地位得以体现

学生是教学活动中的主要参与者，其在教学活动中占有绝对的主体地位。而在教师开展高中数学教学的过程中，经常会忽视学生的主体地位，导致学生失去

对数学的兴趣，从而影响教学质量。所以，在使用信息技术整合高中数学教学的过程中，教师必须让学生的主体地位得到较好体现，从而为教学质量的提升创造必要的条件。

第三节 基于核心素养的高中数学教学

一、核心素养

（一）核心素养的内涵

我国教育部颁发了一系列关于课程改革的文件，要求学生进一步发展核心素养，号召教师着重培养学生的品质与能力。高中所有课程的教学重点都应落实在思考教育、体验教育以及表达教育上。思考教育是指通过带领学生学习专业课程帮助学生主动思考、正确思考、形成反思与总结的良好习惯；体验教育是指带领学生经历正确的解题过程、总结容易犯错的解题经验，从而让学生体会到正确的解题方法，让他们少走弯路，在具体的题目中成长与进步；表达教育是指在课堂上抽出一部分时间来让学生进行交流和讨论，给学生当众讲述解题步骤的机会，并指出学生解题步骤中的不足。此外，还要针对具体题目的得分点进行讲解，让学生清楚地认识到哪些题目应该写那些内容、哪些是关键点、哪些是不必要出现在卷面上的过程以及哪些是容易被漏写的得分点。总之，核心素养在数学教学方面主要表现在数学方法的应用和解题思想的形成上，从问题提出到解决过程再到错误经验总结，应不断培养学生的自主思考能力与实际表达能力。

（二）高中数学核心素养的内涵

数学核心素养是这样解释的："数学核心素养包括'真、善、美'三个维度。通俗地说，数学的核心素养有'真、善、美'三个维度：理性理解数学文明的文化价值，体会数学真理的严谨性、精确性；具备用数学思想方法分析和解决实际问题的基本能力；能够欣赏数学智慧之美，喜欢数学，热爱数学。""数学素养是指当前或未来的生活中为满足个人成为一个会关心、会思考的公民的需要而具备的认识，并理解数学在自然、社会生活中的地位和能力，做出数学判断的能力，以及参与数学活动的能力。"

《普通高中数学课程标准（2017年版2020年修订）》定义数学核心素养为"学生应具备的、能够适应终身发展和社会发展需要的、与数学有关的关键能力和思维品质"，并将抽象思维、逻辑推理、直观想象、数学建模、数学运算、数据分析列为高中数学的六大核心素养，它是以《中国学生发展核心素养》和数学学科的本质与特征为依据而确立的。其实这就是针对数学学科教学提出了一个更高层次的目标要求，体现了数学学科的本质与功能目标，也就是育人价值。那么其功能目标是什么？那就是"让学生会用数学的眼光观察现实世界，会用数学的思维思考现实世界，会用数学的语言表达现实世界"。

二、培养学生核心素养的策略

（一）精确把握数学内容的本质

作为教师自身，首先就要明确数学教材中所涉及内容的实质，这样才会让学生理解和掌握这些内容的本质，促进学生数学素养的提升。

（二）创设适合的教学设计

核心素养的培养过程侧重学生的自主探究和自我体验，更多地依靠学生自身在实践中的摸索、积累和体悟。因此，如何让学生积极地参与到数学教学过程中去，成为高中数学教师迫切需要解决的问题。

（三）创设问题情境，培养学生的问题素养，为增强学生的核心素养奠定基础

新知识教学之前，为了激发学生的好奇心，启发他们的探究思维，在课堂教学中教师要善于利用合理的情境来设疑，从而将学生带入探究活动当中，为培养学生的数学学科核心素养创造良好的条件。不同的数学知识概念需要创设不同的情境模式，并且创设的问题情境一定要科学合理。这里的"科学合理"是指：第一，要了解学生的学习情况，从而掌握学生的实际认知情况，通过分析数学知识的本质内容来创设有助于学生进行探究的合理情境；第二，设置的问题要有适当的思维量，让学生在探究的过程中有明确的探究方向与交流的需求，但是整个过程都需要学生真正付出努力才能获得收获，以便能够有效提升自己的数学学科核心素养。

（四）注重探究教学，增强学生的探究素养，为提升学生的核心素养创造条件

高中阶段的复习课非常重要，一旦进入高三更会涉及不同的复习课程。传统的复习课是依靠教师讲解来帮助学生对知识的要点、注意点进行回忆与总结，然后利用经典的案例进行讲解，最后就是引导学生进行变式训练。实践证明这样的复习效果并不理想，没有充分体现学生的学习主体性，学生被动解题。高三阶段复习的内容非常多而且复杂，而教师也总是害怕学生见过的题目不够多，不停地加强技能型习题的训练，从而忽视了数学知识的本质结构，导致学生在考试过程中，来不及运用教师所传授的解题技巧与方法，就已经输在知识本质的漏洞上。

（五）采用想象力语言艺术，拓展学生的数学思维，促进核心素养形成

在具体的高中数学教学中，教师如果善于使用脍炙人口的歌诀，充满时代气息以及贴近学生生活的语言，那么就能够将复杂抽象的数学定理与概念讲得更加通俗易懂，让知识更加生动形象，让学生持续处于学习的"开放期"，从而有效拓展学生的数学思维，逐步增强学生的核心素养。

第三章　高中数学课堂教育模式的构建

随着近年来经济社会的不断发展，我国的教育体制也发生了相应变化。尤其在新课改进程进一步加快的情形下，我国高中数学教学模式发生了质的变化。课堂教学是学校教育的主阵地，教育思想的渗透引导、教学过程的科学展开、教育目标的完满实现，大多是在课堂教学这一特定的时空中完成的。而在课堂教学规定的时间中，学生掌握知识的多少、分析解决问题能力提高的深度，就直接反映了课堂教学的效率。如何构建数学高效课堂，是每一个数学教师应深思的问题。

第一节　高中数学课堂有效教学策略

一、有效的高中数学课堂教学的内涵

新一轮数学课程改革从理念、内容到实施，都有较大变化，要实现数学课程改革的目标，教师是关键。教师应首先转变观念，充分认识数学课程改革的理念和目标，以及自己在课程改革中的角色和作用。教师不仅是知识的传授者，而且是学生学习的引导者、组织者和合作者。为了更好地实施新课程，教师应积极地探索和研究，提高自身的数学专业素质和教育科学素质，要树立新的教学理念，改进传统的课堂教学模式，体现课程标准的要求。

有效的数学课堂教学是指在设定的时间范围内，运用一定的教学策略完成预定的教学目标，并获得预期效益的最优化，使学习者与传授者双方获得最大的进步与发展，能让每个学生在课堂学习过程中获得愉快的体验和自信心的课堂教学。"有效"，主要是指学生在教师完成教学之后所获得的进步或发展，它有三个层面的含义：

第一层含义是在相同的投入下完成更多的任务，相同的投入包括学习时间的投入以及学习精力的投入；第二层含义是学生所获得的具体的进步或发展，也即

教学目标的预期达成；第三层含义是在学习的过程中，学生的身心是愉悦的，充分地享受了学习的过程，体验到学习是一件很幸福的事情。

在进行有效的高中数学教学之前，我们首先要知道什么是有效的教学。有效的教学，顾名思义就是指在尽量短的时间内，花费尽可能少的精力达到最佳的效果，满足教育部制定的教学目标，提高学生的学习成绩，保证学生对课本内容的深层理解和高效实践。美国的鲍里奇教授认为，有效的课堂教学大概体现在五个方面：第一，课堂上是否有清晰的教学思路；第二，是否有多种多样的教学方法；第三，任务的导向是否明确；第四，学生能否尽全力地投入学习的过程中来；第五，成功率能不能达到一定的高度。因此，我们要尽可能地把握教师教学活动的客观规律和高中生在这个年龄段的心理动态和性格特点，通过多方面的结合，实现最终的教学目标。

高中数学课堂有效教学在实施方面，要求广大教师不断改进教学方式、方法，因材施教、循循善诱，让学生在课堂上尽量用最少的时间和精力来掌握最多的知识点，以实现教学质量最优化。高中数学难度很大，而且数学学习本身就比较枯燥乏味，难以引起学生的学习兴趣，加之高中生学习任务繁重，每天能用于数学的学习时间屈指可数，这就要求数学教师必须有效地利用好课堂的教学时间，让学生在课堂上尽可能多地掌握数学知识。

但仅仅依靠教师在课堂上讲课、学生听课这样的传统方式难以有太高的效率，因此教师在教学活动中要积极引导学生学习、思考，调动学生的学习兴趣，提高学生学习的主观能动性，让学生在学习过程中成为主人翁，让其感受到学习的重要性，激发学生主动努力学习的气氛。高中数学课堂有效教学的最基本表现就是充分发挥可用的教学资源，因材施教，根据不同学生特点，根据教学设施及教学课程特点，制定合理、有效的教学策略，以实现教学收益的最大化。

二、高中数学课堂有效教学的实施要点

（一）充分了解学情，按学情来施教

要上好一堂数学课，首先要知道的就是要教什么。很多教师都认为，教什么我还不知道？有教材，有教参，尤其还有我那么多年的教学经验！但是在课堂上经常会出现这样的情况：教师讲的要么学生已经会了，从而对教师的讲解不屑一顾；要么难度太大，脱离了学生的认知水平，学生听不懂。教师的教学无论是知识还是教法都因循守旧，没有创新，从而许多学生都在下面做自己的事情，违反课堂纪律。

任何有效的教学都源于对学生已有经验的充分挖掘和利用，在教学之前一定要先了解学生的原有知识状况，充分"认识学生"和"认识学生的学习"。不会才教，充分了解学情是教学活动的起点，是教师进行教学设计首先要完成的任务。同时，有效的课堂应该是属于学生的课堂，因此保持一颗学生之心，站在学生的视角去进行教学活动，才能真正引起学生的共鸣，从而使学生主动地参与到学习活动中来，在自主的学习和探究活动中吸收和掌握新的知识和方法。所以研究学情是有效教学的重要前提。

（二）明确教学目标，研究教学内容

课堂教学应注重追求三维目标的有机整合，知识技能达到较高水平会有助于情感、态度、价值观的达成；反过来，学生的求知欲望被激发了，学习兴趣深厚了，学习积极性被调动起来了，学习能力提高了之后，自然能促进知识技能的学习。有效教学在进行知识教学的同时，更多地关注教学的过程和方法，以及学生的情感体验。只有教学目标明确了，教师才能在备课的过程中基于教学目标设计出合理的教学方案和教学策略，从而在上课的过程中紧紧围绕教学目标开展学生活动，促进教学目标的达成。

研究教学内容，包括研究教材和拓展教学资源。教师首先要将教材上的教学内容研究透彻，熟悉学生所要掌握的各个知识要点，这样才能在课堂教学的过程中游刃有余，注重知识的迁移，紧抓知识点的前后联系，系统地引导学生利用已有的知识去自发地获取新的知识，探索未知的领域；并通过获取的新知识加深对旧知识更深刻的理解，而且教材与现实生活是紧密相连的，我们要根据教学内容，拓展教学资源，积极创设适当的教学情境，让学生在愉悦的情境中潜移默化地学习和吸收知识，让学生懂得知识源于生活又用于生活的道理。

（三）科学合理地掌控教学过程

教师是课堂教学的掌控者、指导者，优秀的数学教师能够有条不紊地安排教学活动和学生的学习活动，通过合理分配教学讲授和辅导、学生思考和参与的时间，不断吸引学生的注意力，引导学生专注于教学内容，积极地进行思考，并能够及时解决学生思考过程中产生的疑问。优秀的数学教师还比较注重课堂管理，并且拥有独特的方法和技巧，可以灵活地处理实际教学过程中出现的突发问题，维护好课堂纪律，减少教学中断的发生，创造良好的课堂氛围，促使教学沿着预定教学目标的方向顺利正常地进行。

（四）清晰明了地讲授教学内容

众所周知，越是系统性、理论性较强的数学知识，越需要通过教师清晰明了地讲授，才能减少学生认知中的盲目性，避免学生在学习中走弯路，从而使学生达到对数学概念、定理及其数学方法、数学思想的深刻理解和牢固掌握。应当指出，即便是在科学技术发展突飞猛进，课程、教学改革日益深入的今天，在高中数学教学中，课堂讲授仍然占据着重要的地位。课堂讲授对数学教师的要求包括以下几个方面。第一，讲授的内容必须处理得当，要符合学生的认知水平，遵循学生的认知规律。第二，教师对概念、原理、方法的阐述和解释简明、准确而不含糊。第三，教师讲授时，语言表达不但要直观形象、准确简明，还要符合数学学科的科学性要求，做到表达准确严密，数学教师表述时必须条理清晰、富有启发性，通过启发、诱导学生进行思考，唤起学生头脑中已有的感性认识，调动学生思维积极性，达到培养学生思维能力的目的。第四，教师讲授时要能够突出重点，抓住关键，善于运用比较、分析、综合、概括、推理等思维过程和方法，把数学知识的客观性、逻辑性与教学的艺术手法有机地结合起来，使学生在学习数学知识的过程中，掌握发现问题、解决问题的方法。第五，数学教师要把握讲授时机，注意反馈信息，在学生注意力最集中时进行讲授，把握住教学的最好时机。同时，数学教师要随时注意学生的反应，从学生的神态、表情和动作中，捕捉学生学习过程中存在的问题，并及时地调整讲授内容，控制讲授的速度，改变讲授的方式，以便达到理想的教学效果。第六，教师通过讲授数学知识，潜移默化地对学生进行思想教育，培养学生实事求是的科学态度、热爱科学的情感和将科学服务于人类的社会责任感。

（五）必要的课后反思

中国著名教育家林崇德说过："优秀教师＝教学过程＋反思，教学反思能够促使教师形成自我反思的意识和自我监控的能力。"没有哪个教师敢说自己的某节课是完美的，既然不完美就需要我们去反思，反思教学存在哪些问题，为什么会存在这样的问题，应该如何去改进，通过每节课后、每章节后、每学期后深入的教学反思来提升自己的教学预测能力、教学分析能力和教学问题解决能力。提高高中数学课堂教学效率，离不开教师充分了解学情、因学情施教；离不开教师制定明确的教学目标、研究教学内容；也离不开教师科学合理地掌控教学过程、清晰明了地讲授教学内容和课后的教学反思。

（六）教学策略与学生主体结合，激发学生的主观能动性

学生是教学活动的对象，也是教学活动效能优劣的重要评判依据之一。教学实践证明，教师所设置的教学过程、开展的教学策略、组织的教学活动，都要与学生主体进行有效结合。当前部分高中数学教师为了追求"有限时间"内教学效能的"最大化"，经常采用灌输式、填鸭式或题海式的"战术"，不能联系和激发高中生主体的内在特性，使教与学之间相互脱节，导致教学策略的运用效果不明显，效能不显著。因此，高中数学教师在教学策略的运用上，要始终坚持"以生为本"，密切联系学生主体的内在特性和认知规律。在教学策略的运用上，要紧扣学生主体的内在能动潜能，激发学生主体的主动学习意识，让学生在有效教学策略中主动参与其中，展示"主体"特性，体现"主人"风采。

例如在"等差数列的前 n 项和"这节课的教学活动中，教师在教学策略的运用上，始终联系学生主体的"实际"，体现"主体性"激发特征，在新知初步感知环节，采用自主探究性教学活动，先设置学生探究活动的学习要求，让学生有的放矢地动手探究新知活动。在深度感知环节，采用互动性教学策略，围绕学生第一环节中探析出来的"疑惑"以及教学重难点，进行互动交流活动，逐步引导学生共同进行探析活动，使高中生在教师引导下，对教学重难点能够深入了解和有效掌握。在这一教学环节，教师采用多种教学手段引导学生开展学习实践活动，使学生的主体特性得到了有效展示。

（七）教学策略对标高考政策，提升学生的学习素养

高考政策是高中数学教学活动的"风向标"，是教师教学方式方法运用的重要"指南"。高考政策为高中数学教师教学策略的实施指明了方向，明确了要求。通过对高考政策的持续性关注和研析，可以发现，近年来的高考政策发生了"细微""持续"的变化。同时，高考政策更加注重对学习对象综合性数学素养的培养和考查。而这一方面，也是教学活动的重点，也是学生学习的软肋。这就要求，高中数学教师在教学策略的运用中，要时刻关注高考政策的变化，能够保持敏锐的"嗅觉"，掌握高考政策的细微变化，运用探究性、实践性、互动性等教学策略，帮助高中生形成综合运用的学习素养。

三、教学策略与能力发展相结合，培养学生的学习能力

教是为了不教，教师教学活动的根本要求和任务，就是向学生传授学习知识、探索问题的方法和技能。高中数学课程改革纲要，提出"以生为本""能力培养

第一要务"的目标要求。这就要求高中数学教师在教学策略的实施过程中，要始终将学习技能的培养和锻炼贯穿落实在整个教学策略实施进程之中，提供高中生参与实践、动手探析、辨析评价的时间和机会，发挥教学主导作用，强化对学生实践过程的指导和评价，让学生在师生互动的有效教学策略实施过程中，学习知识的技能、解决问题的能力得到实实在在的锻炼和提升。

四、高中数学课堂有效教学策略的实施方法

（一）有效的备课，可以激发学生的兴趣

新课程下开展高中数学教学，数学教师必须注重教学设计的目的性、侧重点，可以是侧重学生能力的培养，也可以是侧重知识的传授。总之在教学之前，教师应做好充分准备，这样才能在课堂教学中做到有的放矢。其中加强教案管理，也是实现数学课堂有效教学的手段之一，需要注意的是，教案是辅助教学的一种手段，不能过分依赖教案，应把更多精力放在灵活处理课堂中的各种问题上。

1.课前备课

数学具有较强的复杂性和逻辑性，对于学生学习来说具有很大的难度。传统的教师传授知识、学生记笔记的方式使得课堂变得枯燥乏味，无法调动学生的学习积极性和主动性，使得学生对于知识的接受显得尤为困难。而学生又在教学过程中占有主体地位，是否能够实现教学目标，很大程度上取决于学生自身是否努力和对于学习的内容是否有兴趣。因此，在高中数学教学过程中，教师需要在课前备课的时候，根据不同学生的学习水平设计不同的知识点进行引导教学，了解学生的实际需求和个性差异，保证在课堂上不同层次的学生都能够有事情可做，有知识可学。

2.课后备课

教师备课不能够只在课前了解学生的具体情况，也要善于利用课后的时间，通过对课上出现的问题和课前准备不足之处的分析和总结，整理出新的思路和教学方案。这不仅能够帮助学生提高学习成绩，也能够对教师自身的专业水平有一定的提升和认知，能够有效地帮助学生和教师共同参与到学习中来，共同努力，共同进步。

（二）有效的课堂实践和互动，可以促进学生数学素养的提高

在传统的高中数学教学模式影响下，很多数学教师对于数学课堂教学存在认识上的误区，认为数学课堂教学就是简单地传授教材中的知识，并且认为教师是教学的主体，课堂教学更倾向于单向教学。高中数学教师必须丰富教学形式，实现课堂有效教学。数学课堂有效教学属于扩展性教学，在课堂教学中教师可以通过提问来激发学生的学习兴趣，充分发挥学生学习的主体性，让学生融入数学课堂教学中。教师也应鼓励学生提问，让学生成为学习的主动者，同时教师要多些鼓励和赞赏，增强学生学习的自信心，进而实现数学课堂有效教学的目标。

1. 创建有效的课堂提问环节

对于数学的认知，大致可分为感知、理解、巩固、应用等几个层面。在整个教学过程中，最为重要的就是理解，只有理解了内容，才能够举一反三，将课堂上所学知识应用到实际生活中去。因此，在课堂中教师首先要做的就是帮助学生了解知识，调动他们主动参与学习的积极性，这就需要教师在一定的外因上带动他们一起学习和思考。所以，课堂提问环节就显得尤为重要，且不可或缺。在教学过程中，问题是知识的灵魂，有效地教学是能够恰当地提出问题并且使得学生有技巧地解决问题的过程。只有有效地提问和解答相互配合得当，才能够不断地激发学生的学习热情。因此，为了保证教师的提问富有感染力和号召力，使学生更具学习热情，在面对学生的提问时，应该围绕以下几个方面进行：首先，要善于抓住疑问点和矛盾点进行提问。其次，善于以分散点和模糊点进行提问，以便学生更好地进行区分和识别。最后，要对难点进行重点提问，使教师在课堂上的提问更加有效果和层次感。在问题设计的过程中还要注意问题的数量，合理穿插在有限的课堂时间内，不能太少，也不能过多，每个问题都要切中要害，要精准，善于抓住问题的关键点和规律性。

2. 增加教师和学生之间的有效互动

一个课堂是否能够有效地运用有限的时间完成所设定的目标，很大程度上取决于教师和学生之间的交流与探讨。教师和学生之间只有建立在平等交流层面上，学会适时地倾听和平等地交流才能够产生思维的碰撞，互相交换和交流意见，才能够实现最初的教学目标，帮助学生养成独立思考、积极参与学习的能力和兴趣。除此之外，也只有在沟通中了解学生的想法，教师的提问才能够将问题更好地进行包装，帮助学生自己发现问题，学习新的知识。

3. 用有趣的教学方式提高学生的学习兴趣

高中数学逻辑性较强，内容比较复杂难懂，相较于高中学习的其他学科，学习难度较大，而传统的教学方式，即数学教师在课堂上板板正正的讲解会让学生觉得本就生硬难懂的数学更加枯燥难学，非常容易引起学生的抵触情绪，让学生失去对数学的学习兴趣，对数学学习产生消极厌学的情绪，这在学生学习过程中是非常可怕的。因此，要想改变这种现状，数学教师应该顺应课程改革的潮流，根据数学自身特点、高中课程特点及学生情绪特点，因材施教，改变传统、枯燥的教学方式，提高教学课堂的活跃度，激发学生的学习兴趣，提高学生对数学学习的热情，让学生始终保持对数学学习的积极态度。

4. 让数学联系生活，便于学生理解

数学教师可以通过创设问题情境，发现生活中的数学知识，让数学与学生日常生活联系起来。数学来源于生活，让数学教学再回归生活。在数学教学中，教师可以列举生活中的简单例子，让学生猜想答案，紧接着引出新的问题，举一反三，让学生在轻松愉悦的气氛中深入了解数学知识。

比如教师在高中数学课堂上给学生提一个小问题，告诉学生：如果一次给你100万元和第一天给你1元钱，第二天给你前一天的2倍，连续30天，请问不考虑直接选，你会选哪个？学生在考虑后心里有个预期答案，然后教师再告诉学生选第二种比第一种多得多，第一种才100万元，而第二种是1073741823元，学生在听到教师口中这个数字后绝对会大吃一惊，接着教师告诉学生计算的公式，相信不少学生绝对会立刻验算第二种到底多少钱，通过这种教学方式激发学生的学习兴趣，让学生自己去动手学习，以激发学生的学习欲望，提升学生的学习积极性，通过各种教学策略来提高高中数学课堂教学的有效性。

5. 恰时恰点地提出问题引导数学教学，培养问题意识

丰富学生的学习方式、改进学生的学习方法是高中数学课程追求的基本理念。恰时恰点地提出问题，提好问题，给学生示范提问的方法，使他们领悟和发现提出问题的艺术，有利于融洽课堂教学氛围，促进师生双边互动，通过有效地提出问题引导他们更加主动、有兴趣地学习，富有探索性地学习，逐步培养学生的问题意识，孕育创新精神。教师在设计问题时要注意，提问不能代替学生思考，好的问题应提在关键处，就好比摘桃子，要让学生跳一跳摘得到。教师应在形成过程的关键点上，在运用数学思想方法产生解决问题策略的关节点上，在数学知识之间联系的联结点上，在学生思维的最近发展区内，通过观察、思考、探究等提

出恰当的对学生数学思维有适度启发性的问题，引导学生的思考和探索活动，使他们经历观察、实验、猜测、推理、交流、反思等理性思维的基本过程，切实改进学生的思维方式。

6. 合理运用教学工具

传统的教学手段，已经很难有效辅助教学，实现教学创新。现代化教学手段像投影仪、多媒体课件、互联网等在辅助教学中也已经不再新奇，这些电化教学手段的使用，具有声、光、形、色同时再现的特点，能变枯燥为生动，变静态为动态，能够对知识加以形象化、主体化展示，在培养形式思维能力方面具有独特的作用。

但是，许多教师对这些教学手段的使用，仅仅着意在公开课等展示性观摩教学中，为自己的教学增色，而不是在教学过程中研究、积累经验。投影仪、电脑、网络等教学手段的巧妙使用，不但能增大课堂信息容量，更重要的是，它可以极大地迎合高中生的求新、探索的心理，持续调动学生的有效注意力。但是，数学课堂实现教学手段的创新是有条件的，也是现实的，这些教学手段的使用必须是为课堂教学服务，必须用在关键处，用了之后的教学效果比不用好，那就说明用到了实处。我们不是为了追求时尚而用，声、光、形、色再漂亮，如果对教学没有本质的帮助，那就成了干扰学生注意力的因素。更不能图方便，把所有的教学过程都通过电脑演示，没有了教师的板书，没有了解题的实践，这样的电化教学的使用，对数学教学有百害而无一利。

随着科学技术的不断发展，不少先进的、高端的教学工具已进入教学课堂，教师在教学过程中可以利用现代化教学工具辅助教学，通过多媒体等实现图文并茂式教学，通过游标卡尺等实现精准化教学，让学生更加容易了解数学知识，印象更加深刻。另外教师在给学生讲解比较抽象的数学知识点时，可以利用多媒体教学工具，使抽象的数学知识形象化、立体化，让学生在视觉上、感觉上对知识点的认识更加清晰。

（三）高中数学课堂教学评价策略

传统的高中数学课堂教学评价模式，通常采用成绩作为评价学生的唯一标准，但学生个体之间存在差异性，且学生是全面发展的人，统一性的教学评价显然是不合理的，严重的甚至会阻碍学生的成长和发展。基于此，高中数学教师需要运用差异性课堂教学评价方法，针对不同的学生制定不同的课堂教学评价标准，完善数学课堂教学评价体系。事实上，数学课堂教学评价的形式非常多，教师必须让学生也参与到教学评价中来。数学课堂教学评价的形式有个体评价、相互评价、小组评价、全班评价等。通过多种形式的评价可以对学生有一个全面的认识，有利于制订合理的教学计划，开展更适合学生发展的课堂教育。另外，高中数学课堂有效性教学对教师的专业水平和综合素质也提出了较高的要求，教师必须不断参加专业培训，深入研究数学教材，丰富知识储备，提高自身接受新知识和新事物的能力，更新教学观念，创新教学模式，才能满足学生的学习需求，提高数学课堂的教学质量。

第二节　运用小组合作学习模式改革高中数学教育

一、小组合作学习模式概述

（一）小组合作学习的概念

所谓小组合作学习模式，是指将学生分为诸多小组，以任务分配的方式去开展问题研究，激发学生学习的积极性，使其成为学习的主导者。小组合作学习模式是一种全新的教学模式，在融入高中数学教学的过程中，需要教师和学生共同参与，实现数学课堂格局的改善和调整。

由于合作学习的实践研究存在差异，各国研究者的研究角度不一样，所以合作学习目前还没有一个准确的定义。虽然世界各国研究者对合作学习的表述各不相同，但是其表述的内涵具有一致性，综合各种表述可以看出，分组合作学习具有以下特点：第一，小组合作学习是以小组为单位的一种教学方式。第二，合作学习需要组内成员之间相互配合、沟通来完成任务。第三，小组合作学习不仅强调合作，而且看重组内成员个人的表现。第四，进行小组合作学习时，教师的指导教学必不可缺。

（二）在高中数学课堂中推广小组合作学习模式的意义

1. 小组合作学习模式有利于知识的掌握

之所以倡导将小组合作学习模式运用到高中数学教学中，是存在深刻原因的。小组合作学习模式有利于激发高中生的创造力，在培养学生合作意识和技能方面发挥着积极作用，更重要的是小组合作学习模式能够帮助学生去理解自己存在的不足和缺陷，并且在此过程中实现自我反省，以更好地实现对知识的掌握。

2. 小组合作学习模式有助于形成积极沟通的学习环境

小组合作学习模式是一种先进的教学模式，能够激发学生学习数学的积极性，增强学生学习的乐趣、动力以及沟通能力，增强数学课堂的教学效率。小组合作学习模式有利于学生之间的交流和沟通，这对于培养其团队合作精神是至关重要的。

小组合作学习模式，可以为学生创造良好的学习环境，最大限度地激发学生的学习兴趣。同时，开展小组合作学习，能够使学生畅所欲言，加强学生之间、师生之间的沟通。学生与教师之间形成合作模式，通过有效互动来学习知识，加强了师生间的沟通交流，培养了学生的团队合作意识和思维能力，实现了德育、智育的平衡发展。

3. 小组合作学习模式是教育发展的要求

小组合作学习模式在高中数学课堂当中的使用不仅能够提高学生对课堂的参与兴趣，还能够显著改善教学质量，帮助教师优化课堂学习氛围，促使学生更加积极地参与到课堂学习当中。对于教师而言，这样的教学方式非常简便并且课堂氛围较好，因此许多教师便在课堂当中大量使用小组合作学习模式，将小组合作学习模式作为教学的主要方式。

二、小组合作学习模式在高中数学课堂教育中的使用现状

目前，在我国高中数学教育及教学过程中，小组合作学习模式的实际运用并没有被完全地贯彻落实，而只体现在形式的表现上，尤其在小组成员的划分和小组讨论的课题方面并没有引起教师的足够重视，所以这样的应用也根本不可能使小组合作学习模式的功效得到真正的发挥。

尽管随着新课标的不断推进，小组合作学习模式对于高中数学教学的发展有着十分重要的意义。然而在实践过程中，教师对小组合作学习这一教学模式的认知仍然存在一定的偏差，通过对当前小组合作学习模式在高中数学教学中运用情况的调查发现，其的确存在诸多的缺陷和不足，影响着其在提高高中数学教学质量方面的效能发挥。具体来讲，可以将其归结为以下几个方面的问题。

（一）小组合作学习模式重形式轻内容

当前，高中生虽加入小组合作的学习模式，但因其对该模式的重要性和内涵缺乏认识，使得学生间的交流和沟通在很大程度上仅仅拘泥于形式。一些教师缺乏对小组合作学习模式的认识，他们为了完成教学任务，没有充分结合数学教学

的实际情况，在教学计划、教学方法的设计上生搬硬套，完全没有考虑学生是否能够接受这一教学方法，导致整个课堂教学流于形式，学生的主动性与积极性没有真正地被调动起来，进而无法达到小组合作学习模式的预期效果。

（二）小组讨论时间预留不足

在高中数学课堂教学小组合作学习模式中，教师并没有给学生预留足够的小组讨论时间，这就导致小组合作学习流于形式，大部分学生根本来不及思考问题就开始了所谓的"小组合作学习"。此时的学生完全没有进入学习状态，没有充分进入交流学习的主题，还有一些小组还没有讨论出实际结果，小组学习就已经结束了。如此一来，小组合作学习的作用就无法得到充分的发挥，必然无法达到预想的教学效果，并且还会降低学生对小组合作学习的积极性。

（三）教学内容缺乏针对性，不利于对学生特长的培养

学生的个性特征不同，使得其在学习中的长处也不相同。性格外向的学生思维活跃，性格内向的学生不擅长表达，因此在小组合作学习中，积极活跃的同学往往占据主导地位，性格内向的同学找不到自己在小组中的定位，失去了学习的兴趣，学习任务也由能力强的同学完成。出现这种情况主要是因为内向的学生没有充分认识到合作学习的意义，面对组内活跃积极的同学，觉得自己的能力没有发挥的余地，感到无所适从，长此以往，活跃的同学发展得越来越好，内向的同学得不到应有的发展，使得教育得不到均衡发展。

（四）小组内成员的参与度失衡，合作意识薄弱

小组活动中组间学习能力和组员参与度的严重失衡，将会对小组合作产生一定的影响，且不利于学生共同发展。具体表现在：在高中数学教学中应用小组合作学习模式时，小组成员之间的课题讨论是否充分也是影响小组互助学习成果的重要因素之一。在课堂上，教师一般会留出一定的时间让学生以某个课题为中心进行分组讨论，并在小组讨论结束之后对学生的汇报成果予以评价，而小组讨论的意义就在于让每个学生都参与讨论学习，互助学习，"取长补短"，这样学生的学习效率和学习质量才能得到更好的提升。

但事实上，在课堂中进行小组讨论时，大部分分组的小组成员之间对课题和问题的讨论却不够充分，小组成员的参与度也不够。在教学中，教师对学生进行分组。但是在实际的讨论之中，我们发现对于数学问题的讨论往往是一些成绩优

异的学生在讨论，而一些成绩较为一般的学生无法参与到讨论之中。这样一来，小组成员无法共同进步。

另外，一般平时性格开朗外向的学生总会在小组讨论和成果汇报时积极参与和表现，而一些比较内向的同学往往不能真正地加入小组合作学习中。此外，教师对于每个学生的了解和关注还是有一定的欠缺。

（五）小组活动中学生分工模糊

部分数学教师一开始就给学生布置各个小组的任务，要求组员对题目进行解析，然后搜集每个小组的解题思路。这样的教学方式乍一看似乎比较有效果，实际上却让学生沉入数学题海之中，这样导致教学效果不明显，看起来是运用了分组合作学习的先进方法进行教学，然而达不到应有的效果。许多高中数学教师对学生进行教学分组时，没有通过缜密的科学合理的编排，老师为了节约时间、图省事，粗略地把学生按照座位的就近原则分为几组。这样的分组容易导致小组组员搭配没有效果，可能会导致某个小组成绩非常好，而某些小组的组员性格比较内向，无法高效地合作学习。分工不明确从而削弱组与组之间在数学学习中的竞争性。这样一来，即便是分了组，合作学习模式在教学中的效果也不会很大。

小组合作学习模式中对学生具有严格的要求。小组成员间不但要保持良好的合作关系，同时还要承担有关的责任。从现阶段的高中数学教学中来看，在小组分工中存在分工模糊的现象。在此过程中，有的组员长期担任稳定的角色，不利于发现各自的缺陷，从而阻碍学生综合能力的提升。所以，高中数学教师应承担起指导学生进行合理安排角色的任务，并让学生清楚相关角色在小组中承担的作用。另外，要定期对组员的角色进行互换，以此可以全面锻炼学生的各项能力，使学生在小组合作学习过程中得到多种学习技能的提升。

三、小组合作学习模式的使用建议

（一）合理划分小组

在教学中，对于小组的划分应避免随意性，不能盲目分组。在分组之前要求教师对班级每位学生的特点有一个大致的掌握，这样才能在划分小组的时候保证每组的成员数学水平保持一致，让小组内的成员都能够在分组讨论中获得学习成绩的进步，这样的分组才是正确有效的。在分组之后，老师可以根据实际的教学需要将小组的学生稍微进行调整，注意小组人数的控制，避免小组成员过多，时刻优化小组资源。

小组合作学习是以小组的方式开展的，划分小组一定要注意两个问题，一是把握好小组人数，二是合理搭配组内学生的学习水平。对于小组合作来说，实践和合作才是重点，如果划分的人数过少，则不利于组内讨论的展开；如果划分的人数过多，在有限的时间内不足以让每个学生都发表自己的意见。因此，通过大量的实践证明，小组成员为 4～7 人时，组内成员能最大限度地交流学习，教师能更好地进行指导。

为了充分实施小组合作学习，首先就要明确分组问题，做好分组工作，这对于小组合作学习模式的教学效率有着十分重要的影响。在进行分组时，"自由组合"与"随机组合"是不可取的，否则不同层次的学生就无法得到充分的发挥与进步，导致这一教学模式的实际效果受到很大的影响。因此，在进行分组时要面向全体学生，将不同层次的学生结合到一起，使所有学生都能够接受这一教学方法，进而调动全体学生的积极性，保证小组合作学习的参与度。

（二）明确小组分工

在进行小组合作学习时，要有组织、有顺序地开展各项任务。小组内每个学生都有明确的任务分工，并各自完成自己的任务，这保障了小组合作学习的顺利展开。由于每个学生的特长都不相同，在分配任务时，要在全面了解学生的基础上，根据学生的实际情况，进行合理的分配，这样就可以在最短的时间内最大限度地发挥小组效应，提高学习效率。

（三）建立小组合作组长管理的机制

小组合作学习模式的关键在于激发学生学习数学的积极性，使得学生成为高中数学学习的主人。因此，积极建立小组合作组长管理机制，是很有必要的。简单来讲，在选择小组合作学习模式进行教学的过程中，应以小组组长为核心，实现对小组活动的管理和控制，一般可以由小组成员民主选取一位组长，并且制定具体的组别人员活动规范，以保证组长的各种管理行为是依照相关规定去进行的。组长还应该具备较强的责任感，能够公平地对待每一位组员的意见和建议，并且在此基础上积极将组员的意见反馈到教师那里去，发挥其信息枢纽的作用。

小组组长看似用途不大，但实际上小组组长在分组教学实践中有着不可忽视的作用。小组的秩序靠小组组长来维持，小组讨论的知识点由小组组长带动讨论。

小组组长可以是每组的组员共同选拔认可的一位同学，也可以由数学教师直接指派。选拔的小组组长一定要有着比较好的数学成绩，还要有很强的责任心，善于观察引导小组成员，出现问题要及时向教师反馈，有能力将小组内部的问题解决好，只有这样才能够有效地提高小组的数学学习效率。如果小组人数稍多，也可以产生一位副组长，与组长共同带动组员学习。此时，教师要高度关注每个小组的学习状态，帮助学生树立起良好的数学学习信心。

（四）明确合适的小组讨论的课题

小组合作学习的学习内容的质量对于整个小组合作学习的效果有着十分重要的影响。因此，教师在布置学习内容时，除了学习目标，还要使学生掌握讨论交流的内容与方法，同时要培养学生责任感与自信心。保证学生做好充足的准备，在开展小组学习的过程中能够提出与交流自己的观点与看法，使其合作意识也得到充分的培养，进而更好地体现小组合作学习模式的价值。在高中数学教学中应用小组合作学习的教学模式时，小组讨论的课题选定、选定课题的可讨论性和讨论价值以及小组成员对课题讨论的充分程度都是这种教学模式在具体应用中需要特别注意的。所以教师必须要对这些注意事项给予足够的重视，慎重挑选合适的讨论课题，要确保讨论的课题难度适宜，这样对每个学生来说都是公平的，学生的合作讨论也才能更有意义。

小组内部讨论是合作学习必不可少的环节，所以在选择问题时，教师应着重注意所选问题是否合理。当学生无法自己解决或者解决方法与他人不同时，就会激发学生的学习兴趣和激烈讨论，通过小组一起探讨得出统一结论，这样的问题才算是好问题。在问题的选择上不要过难，过难会打击学生的积极性和自信心；也不要过于简单，这样会失去讨论的意义，浪费学生的学习时间。

（五）形成科学公正的小组评价机制

设置一套可靠的小组合作学习评价机制，对合作小组展开客观而合理的评价，能够提高小组的数学学习积极性，使得小组成员更加团结。教师在进行评价的时候，可以在对每个小组的情况充分掌握之后，先对每组的实际情况进行客观的点评，然后让小组的成员对该组进行自我评价，还可以由小组之间进行小组的相互评价。小组的自我评价可以让小组组员清晰地明白自身的不足之处和需要改进的地方，努力改变自身的不足之处，更好地在高中数学课堂中进行合作学习。

教师的评价对学生而言具有重要意义，适当的评价可以让学生发自内心地面对自己的问题，并加以改正，还可以使学生体会到合作的乐趣，对今后的学习更加充满自信。因此，教师在评价时应以学生为主体，注重其在学习过程中的态度与效果，遵循好评为主、差评为辅的原则，对学生及时作出评价，让学生充分认识到合作学习的意义。综上所述，运用小组合作学习模式，一方面，可以激发学生的学习兴趣，提高学生的学习积极性，让学生由被动学习变为主动学习；另一方面，能够加强师生间的交流与沟通，使师生能在第一时间解决教学中的问题，促进教师和学生的共同进步。

第三节　高中数学课堂教学模式中的示错教学策略

一、示错教学法概述

（一）示错教学法

示错教学法是指教师根据学生的学习情况进行经验总结，以多种方式将容易发生错误或者学生普遍出现问题的地方直接展示给学生，让学生自主进行问题分析和改正，加深对知识点的理解，避免以后再发生同样错误。示错教学模式具有独特的要求和特点。一方面，示错教学具有一定的警醒作用，学生在解题过程中出现的错误是无意识行为造成的。但示错教学过程中的错误示范却是有目的的行为，在教师提醒下，学生会主动加深潜意识注意力，以后碰到同样题型时警醒功能便发挥出来。另一方面，示错教学中强调师生间进行课堂交流，注重学生自身体验，要求学生参与到数学学习课堂中，因此教师要做到与学生全面沟通以纠正学生的错误观点。示错教学时教师应注意示范语气和用词，不能用过于尖锐的语言揭露学生的错误，以免伤害学生的自尊心，减少同学们学习数学的自信。

示错教学具体来说就是教师在教学中特意地、有目的地在解答问题时，为学生演示在实际答题中十分容易出现的错误解答方式。与常规的直接进行正确的解答方式相比，示错教学是站在学生的角度来进行问题的解答，所演示的错误也是学生在实际答题时经常出现的，使学生的记忆更加深刻，学生在以后遇到相似的问题时不会再按照这种错误的解答方式进行解答。不仅在课堂教学中，社会中的各行各业都会运用到示错教学，如我们经常会见到武术培训中通过对练进行示范教学、在酒店管理中示范错误的礼仪接待方式等。根据高中阶段数学的特点，示错教学很适合高中的数学教学，对学生的数学学习帮助很大。

（二）示错教育法的特征分析

任何教学方法都有其独特性，示错教学也是一样，具有一定的特点。

1.示错教学具有目的性

一般来说，学生在平常的教学中都会按照正确的方法去解答问题，尽量避免解答错误，如果出现错误也是无意识的。在示错教学的过程中，教师在进行错误演示时是有意识、有目的的，但大部分学生一般很难察觉到教师所讲解的是一种错误的解答方法，教师在讲解到最后时才让学生明白，使学生恍然大悟，那么这次教学就会让学生记忆深刻，在以后的解答中就会避免这种解答方式。

2.示错教学中师生互动性强

与传统的教师单方面进行问题的讲解不同，示错教学要考虑到学生的体验，要想达到理想的效果，就需要与学生进行充分的交流，了解学生在解题过程中经常出现的错误，然后根据这些错误选择所要示范的错误的类型，尽量让更多的学生能够从中获益。

3.示错教学中学生的参与性

教师在示错教学中要有意识地对错误进行讲解，同时要调动学生的积极性，让学生能够完全参与其中。学生从错误的示范当中能够发现自己在解题过程中的错误，感同身受，对问题有更深的认识，理解加深。

（三）示错教育法的重要意义

1.有利于营造良好的课堂气氛

高中阶段数学课堂也要改变传统课堂严肃、紧张的氛围，向轻松活跃的课堂转变。为了营造轻松活跃的课堂气氛，就要求数学教学的方式和内容都要改变，在教学方法上多采用示错教学。这种新颖的教学方式可以激发学生的学习兴趣，让全部学生都能够参与到课堂中。积极鼓励学生发表自己的看法，教师与学生多进行沟通与交流，让学生在轻松的环境中进行学习，提高学生的学习效率。

2.有利于学生对知识的理解

高中数学知识的特点是难度比较大，问题的解答比较复杂，但问题类型分类比较明确，很多题目都可以用相同的解答方式。根据这一特点，数学教学可以以总结归纳错误、探索解题规律为主，这也是示错教学的主要作用，有利于学生对知识点进行深入理解和记忆。

3.有利于学生发现自身错误，提高自主能力

首先，新时代下的高中学习氛围应当是轻松活跃的，示错教学法体现的就是一种创新理念。教师在教学时应当实现教学内容和形式多样化，把错误例子生动地表现出来，让学生积极地交流和解决，锻炼其发散性思维，这样学生既收获了快乐，又加深了对知识的掌握。教师能和学生产生共鸣，拉近师生间的距离。其次，示错教学法有利于提高教学针对性，让教师有所侧重地安排教学进度。示错教学法还有助于改变传统教学方式，有效吸引学生注意力。让学生在解决问题的过程中收获成功体验，从而增强学习自信心。最后，示错教学法还有利于让学生形成做题反思的习惯。学生在分析错误的过程中形成一定的逻辑思维，经过不断总结，久而久之，学生懂得如何缩小自己的知识盲点，找到数学学习的有效策略。

4.有利于增强学生的理解能力

我国高中数学的难度是很高的，差不多相当于国外大学数学的初等难度，所以高中生的智力接触到这类问题，其实很多时候是有很大学习难度的。所以在学生的学习中，教师合理引导和帮助学生智力开发是非常重要的。在高中数学的教学中，学生计算错误一般有两种类型：一是知道方法，但是数据计算错误；二是不知道方法，或者对于解题的方法不熟练，导致缺项少必要条件。其中第一种计算错误是学生自己能够自行解决和处理的，第二种计算错误的原因就有很多。自己分析一下原因，就是学生在解题中偏了方向，其实高中数学的运算还是非常简单的，并不是解题的思路简单，而是解题的环境简单，解题的环境就是数学题目中的已知条件，在高中数学中已知条件给得都很少，却非常有用，虽然有时会出现一些无用的条件，但是也是极少的情况，不管是平时测试还是高考，都是一种规定的形式，所以这就给教师的教育带来了一个难题，是注重学生的逻辑能力的锻炼？还是为了提高学生的成绩去贴合应试教育的大潮？很多教师在这两难的抉择中止步不前，但是示错教育为我们广大的教育工作者提供了一条折中的道路，既能很好地提高学生的成绩，又能锻炼学生的逻辑思考能力。

5.有利于训练思维，拓宽学生的视野

高中教育不属于义务教育的范畴，其实高中教育主要是为了应试，但是应试的教育也是教育，不能忘却了教育的意义，教育真正的意义是学习的能力。高中

学生不管走向何种方向，不管是升学还是工作，高中知识本身并不能给你带来多大的用途，但更重要的是思维的改变，所以教师在教育中锻炼的是学生的学习能力。相比之下，一些高中教育的速成培训班，是我国教育的毒瘤，是应试教育下的畸形产物，它们在教学中依靠对于应试试题的分析，形成了一套针对试卷的，强记式教学方式，严重地限制了学生的思维。但是因为对于试卷的强大解析力，因此它能让学生从300多分提升到一本分数线附近。作为教师，希望学生考出好成绩是正常的，但是对于这种方式，我们是不能苟同的。因为这就像吸鸦片，虽然得到了一时的快乐，但是对于学生一生都是严重的影响。我们在采用示错教育的时候，就是把学生的错误明确地指出，继续让学生自己探讨问题，锻炼学生的学习能力，让学生自己掌握分析的能力、教学的能力。每年高考学生的询问回答中，错题的整理都是他们学习的最重要的部分。如果学生自己能养成整理错题的习惯，有自己分析错题的能力，那么学习的进步是非常显著的。教师应该更多地引导学生养成自己整理错题的习惯，然后帮助自觉性不高的学生整理错题。

二、高中数学课堂教育中示错教学的策略

（一）展示概念中示错

数学概念是进行数学教学的起点和基础，也是学生进行数学思维的核心。如果教师单一地向学生讲解概念这一类知识，学生就无法深入理解和把握知识的内涵，无法达到灵活掌握运用的效果，出现知识点混淆的情况，从而出错。在学习新的数学知识点时，教师可以把那些极易让学生出现混淆及误解的概念和定义选出来，依照实际的教学情况合理进行示错，让学生在初次接触数学知识时就形成对概念的正确认识，确保学生深入认识和理解讲解的知识要点。

例如在讲述斜率这一知识点时，教师可以给出"每条直线都具有斜率"这一观点，让学生依照自己的知识对这一观点的正确性进行分析。从高中数学知识概念可知，并不存在倾斜角为90°的直线斜率，所以判定该观点错误。在这个概念练习中，教师可以看出学生由于疏忽大意容易出现的错误，而学生经过仔细分析思考，锻炼了自主分析探析错误的能力，同时对此类知识有了深入的认识和理解，以后再遇到有关斜率的概念性内容时就不会出现同样的错误。

（二）及时分析错误信息

高中数学教材包含各式各样的数学公式、定理概念，内容丰富，因此多数学生觉得学习数学比较难，有些学生即使认真听讲、学习，成绩却一直不理想。这

就表明学生在实际解题方面掌握不牢。从高中数学教材来看，内容比较全面但复杂，主要包括数学概念、定理等内容。这部分知识的逻辑性和抽象性较强。在实际的高中数学教学过程中，假如教师只把概念进行分析和讲解，学生就无法完全理解和掌握，也就达不到优异的教学效果，不能形成长久记忆性知识。基于上述情况，教师要先对错误信息展开分析，之后让学生进行自主探究、大胆想象，从而找出错误的因素，有效强化解题效果。

例如在教学函数相关问题时，教师可以先给出一个解二元一次方程的题目。在解题时，提问学生："平面直角坐标系内，是不是每条直线都为二元一次方程？"学生经过分析和探讨，给出否定的答案并给出否定的依据。函数 $y=a$（a 为常数），这个函数虽是直线，但并不是一元二次方程。上述做法，在解题过程中实施示错练习，学生对容易出现的错误掌握得更牢固，从而提高了学习效率。

（三）实施拓展示错

教师在数学教学中，除了必须重视所应用的教学方法，也必须重视知识点实际应用环节及对学习过的知识进行拓展。在这个环节的教学中，教师要依照教学的具体内容，针对学生的实际情况展开全面分析，重点是分析所学知识的掌握程度以及已经具备的学习能力等方面。经过全面分析思考之后展开示错教学，把教过的数学知识实施延伸教学，合理引导学生，最后鼓励学生进行大胆分析并寻找解决问题的办法。如此一来，学生加深了对该知识点的应用和理解，从而形成了长久性的记忆。在进行知识拓展教学时，教师应该选取具有代表性的例题为学生进行示错，之后让学生对给出的示错例题进行分析、思考，从而准确、快速地解决问题。教师要对知识进行合理拓展，上述办法可以让学生在头脑中形成一套理想的数学解题模式，有助于快速提高学生的数学学习效率及素养。

（四）应用示错对比知识内涵

数学知识反映了数量之间的关系，这些关系归纳后需要在教学中让学生重新辨析总结，怎样才能抓住知识的内涵，怎样才能区别于其他知识，应用示错对比教学比较好。在数学领域内常常有一些基本的概念，它们的名称和含义有着较大的区别，如果按照表面的意思进行理解的话，学生可能会犯常识性的错误。在学习过程中，学生对于一些基本概念通常难以理解，以至于出现学生有时对一些基本概念的理解发生曲解的现象。在高中数学基本概念的教学中，教师可以根据课程的需要，在认为需要示错的概念上示错，通过错误的概念，引发学生探讨正确的概念。这种教学方式，可以引导学生形成对概念的正确认识，给学生一个思考和辨析的过程，加强学生对概念的理解，提高学习效果。

（五）应用示错教学寻求解题方案

数学的学习伴随着大量的习题教学，往往是随题随教，这些习题的设定不仅仅是为了引发思考、巩固知识，同样也是为了让学生形成解题的能力。在解题过程中，学生常常会犯一些错误，教师可以把题目写在黑板上，列举出学生出现错误的解法，带领学生分析解题过程中哪里存在错误，从而求出正确的解答。

（六）应用示错教学防止学生再现错误

出示错误后，并不是为了让学生在本节课里看看就得了，它的出现是为了让学生理解知识的内涵，掌握解题的方法和技巧，形成解题的能力。在高中数学教学过程中，教师引导学生分析出错原因很重要，同时引导学生进行分析、总结归纳也很重要。有很多一线教师鼓励学生使用纠错本，这是值得提倡的做法。教师应该引导学生对同一类错题进行归纳分析，加深对相关问题的理解，学生可以对自己出现错误的地方重点理解和记忆，这有利于培养学生的数学反思能力，在别人的错误中为自己积累解题经验。

三、示错教学法在高中数学课堂教育中的应用

（一）学习过程中示错

数学概念是数学知识学习的重点，也是基础。因此，教师在数学概念的学习中也要进行示错教学，来帮助学生加深对数学概念的理解，掌握扎实的概念性质，此外，使学生能够充分利用这些概念来解决实际中的问题。数学概念是对知识的概括，而示错运用的反例是对知识进行辨别的有利信息。因此，在数学概念示错教学中，教师可以为学生展示容易出现的错误，让学生进行深入理解和辨析，锻炼学生的思维，让学生在探究中发现错误并找到原因，主动进行改正。在示错教学中，可以考查学生对概念及定义的理解是否错误，发现错误的原因，从而加深对数学概念的理解，明确区分不同概念之间的根本差别，从而更好地运用概念来解决问题。在进行新的知识和概念学习时，对于一些比较容易出现误解的地方，采用示错的教学方式非常有效，可以让学生明确概念，使学生对知识点的理解更加深入。

（二）解题过程中示错

在平常的解题过程中，学生经常会出现各种各样的错误，这些错误可以分为

逻辑错误、知识错误以及策略错误等。当学生犯错时，教师要与学生进行充分沟通和交流，帮助学生找到出现错误的原因，从而使学生深入理解知识，提高学生的解题能力。教师要给学生提供机会，让学生对问题进行思考和分析，学生通过自己主动学习和探究，对知识的理解和记忆也会更加深刻。很多学生在理解数学题目时会遇到很大的困难，在解题中采用示错教学方法，可以让学生通过对典型例题进行探究，找到出现错误的根本原因，进而提高解题效果。

（三）引导学生做好知识中易错点的总结归纳

在高中数学教学中，学习方法非常重要，教师要培养学生总结归纳的习惯。因为高中数学题目的特点是题量大、种类多、变化多端，但这些题目考查的知识点是不变的，而只有对知识点进行充分的理解，才能达到举一反三的效果。这就要求学生在平时的解题过程中，多对自己做错的题目进行思考，找到错误所在并进行总结归纳，融会贯通，这样一来，遇到多种类型的题目也能根据同一解答方法进行解答。在数学学习中，复习的作用是非常大的，复习知识也是非常重要的环节，经常进行复习可以起到查漏补缺的作用。教师可以积极引导学生进行复习，帮助学生总结和归纳容易出现错误的习题以及理解不清楚的知识点，让学生形成善于总结的习惯。

例如在复习"等比数列"时，学生要总结和归纳平常做题时经常出现的一些等比函数习题的类型，整理经常出现错误的习题，对一些经常出现错误的地方进行归纳，加深对定义的理解，注意对重点内容进行记忆。这样积累经验，在以后的问题解答中，遇到类似的题目就可以很容易进行解答。

（四）正确把握高中数学课堂上示错教学的时机

高中数学课堂上如果都是知识点的教学，那么学生很容易就会对课堂产生厌倦情绪，学习效果也不会理想，因此不能一直进行示错教学，要把握示错的时机。示错教学是对错误进行分析，但是如果花费大量的课堂时间来进行示错，也会使学生感到厌烦，打击学生的学习积极性。因此，教师在进行数学示错时，要联系其他相关内容，合理把握示错时机，提高教学效率，让示错教学达到最好的效果。

（五）在示错教学后对提出的问题进行反思和探索

课堂上知识的讲解非常重要，教师在讲解结束之后的工作对学生也有很大帮助。在课堂接近尾声时，教师要做的工作是对本节课堂进行总结和升华，对本节知识点进行深化，总结课堂上的重点、难点以及容易出现混淆的知识点，并对学生强调其重要性，带领学生对本节课进行回顾，对知识进行梳理，巩固知识框架。在学习"集合的并集和交集"知识时，可以设置示错情境。例如，两个集合的交集和并集得到一个新的集合后，判断实数 a 是否在新的集合内。在解答这个问题时，要考虑较多的问题，如集合是否为空集，因为空集是所有集合的子集。教师可以通过列举错误的案例来引导学生对问题进行反思，达到巩固知识的目的。

（六）示错教学中要增强教师与学生的互动

在高质量的课堂中，教师与学生要具有很高的互动性，在示错教学中也是一样，教师要增强与学生的互动，让学生参与到示错教学中，提高教学效率。一方面，教师经常与学生进行沟通，可以了解学生经常出现错误的题目等；另一方面，可以及时帮助学生解决所遇到的问题。教师可以根据学生学习的实际情况有针对性地设置示错例题，提高示错教学的效率。教师还要积极辅导学生，鼓励学生提出问题，并且与学生一起探讨问题。增加学生的互动性不仅可以提高学习的效率，还有利于学生与教师之间建立和谐的师生关系。

第四节　高中数学教育作业模式探讨

一、高中数学作业的必要性和传统模式

（一）高中数学作业的必要性

《普通高中数学课程标准（2017 年版 2020 年修订）》明确指出：学生的数学活动不应只限于接受、记忆、模仿和练习，高中数学课程还应倡导自主探索、动手实践、合作交流、阅读自学等方式学习数学，同时以多种形式创造有利条件，以激发学生学习数学的兴趣，鼓励在学习过程中，养成独立思考、积极探索的习惯，以发展学生的数学思维。高中数学作业是数学课堂的延伸和补充，也是数学教学的重要一环。数学作业的完成会促进学生对所学知识有更加深入的理解和掌握。学生完成作业的情况也是教师获得信息反馈的重要渠道。

（二）传统高中数学作业模式

在传统模式的教学中，教师不注重作业形式，教师更多注重知识的罗列、例题的变式模仿性训练，学习完一节新课后，教师选择课本后的习题和相应的练习

册进行练习。这导致学生的自我学习能力、逻辑思维能力提升较慢，究其背后的原因，主要存在以下问题。

1. 布置方式单一

传统的数学作业主要是教师根据课堂上学习的知识进行布置，学生只充当了一个接受者的角色，必须完成教师布置的所有习题，不可以选择性完成。这样就导致学生无法看清自身存在的弱点，教师也不能找到教学上的不足。

2. 没有形成差异化

传统的数学作业都是教师根据教学的进度进行作业的布置，所有学生的习题都是统一模式，没有针对性地进行分层布置。所有的学生都是一样的习题，导致基础好的学生没有提升性的训练，基础差的学生由于某些难度高的习题不会做，无法完成作业的情况。这种情况容易导致基础差的学生由于自卑很容易出现厌学心理，优等生由于得不到更好的提升，丧失学习的积极性。

3. 目标不清

由于高考的许多习题类型在教科书上没有具体的体现，很多教师都将提升学生成绩的目光放在了课外习题的练习上。教师不但为学生统一定制大量的习题，还鼓励同学自己购买习题，但是现在市面上的习题内容基本相似，这就导致很多题型重复。有时候，一道题学生可能会做很多遍，从而出现厌烦的情绪，学习效果事倍功半。

二、新课程背景下的高中数学作业模式

新课程背景下，数学作业一定要体现教师的指导作用和学生学习的主动性，数学作业的过程一定要体现数学教学的三维目标的实现，教师在备课环节中的预设和课堂教学中的生成一定要有机结合。要落实新课程的理念，适应时代教育的要求，就需要讨论数学作业的模式。

（一）设计典型性作业，有利于逃出题海战术

在网络时代的今天，高中的数学作业太多，如果不选择典型的作业，必将浪费学生宝贵的学习时间，会使学生对数学的学习产生厌倦心理。作业的设计要从学生的实际出发，以教材为基本内容，设计有代表性的作业，能以一当十，以少胜多，而不追求题海战术。

（二）设计层次性作业，有利于调动学生的积极性

在设计作业时，一定要注意避免作业的单调、枯燥，充分体现"人人都能获得必要的数学，不同的人获得不同的数学发展"。因此，教师可把每天布置的作业分成"基础必做题""巩固提升题"和"拓展延伸题"三部分，即将一般基础题作为"基础必做题"，将需要一般技能才能解决的题作为"巩固提升题"，将需要较高技能才能解决的题作为"拓展延伸题"，根据所教班级学生的实际设计作业比例和学生完成作业的要求。

由于每个学生的基础不同，在知识的掌握程度和运用能力上都有差距。因此，应该在保证完成教学目标的基础上，针对每个学生具体情况布置数学作业。对于基础差一些的学生，可以布置一些符合教材内容的基础性强、比较简单的习题；对于基础一般的学生，布置作业时，可以在教材教学内容的基础上进行一些适当的延伸；对于一些基础好的学生，可以布置一些提升性的题目，鼓励他们自主学习。

（三）设计易错性作业，有利于加深对知识的记忆

在学习过程中，由于受到对知识的理解不透和认知能力限制的影响，学生的审题、解题及书写的规范性易出现差异。为此教师应精心选取每一节学生易出错的题目布置成作业，让学生重新在完成作业的思考过程中找到正确的解法。这样做既加深了学生对知识的理解，又让学生知道了此类数学题目的易错点，同时也训练了学生的数学逻辑思维和考虑事情全面性的人生品质。就像著名教育家陶行知先生说的："知识有真伪，思想与行动结合而产生的知识是真知识，真知识的根是长在经验里的，从经验里发芽、抽条、开花、结果的是真知灼见。"

（四）设计探究性作业，有利于学生创新拓展能力的培养

教师要根据所教内容，不定期地为学生提供探究性作业的题目，学生带着问题，自学研究，提高了其自学能力，在小组学习中相互探究和交流、质疑、共享。在探究中获得成功能增强学生学习数学的兴趣，在探究中相互交流能增强同学间的合作意识，在探究中相互答疑解惑能增强创新意识。

（五）设计拓展性的作业，有利于提高数学思维能力

作业不仅要使学生掌握原始的数学知识，还要提高学生的数学思维能力，如数形结合能力，方程、函数、不等式间的转化能力，空间想象能力，运算技巧、

证明论证能力等。而高考考查学生的综合能力，因此我们在高三设计作业时应侧重于把握重点、突破难点，既能巩固知识，又能进一步提高数学思维能力，能达到事半功倍的效果。

（六）设计开放性作业，有利于开拓学生的思维

设计开放性作业，可以让学生对题目进行一题多解或一题多变，或组合题目条件推导结论等。让学生学会多角度多方位思考问题，以训练学生的发散思维，引导学生形成勤思考、善质疑、巧思维的人生品质，并强化学生的创新意识。

（七）设计综合性的作业，有利于训练数学逻辑思维

摒弃过去那种只是由教师个人布置的解题式作业，开发新的模式。首先，可以开展实践类作业，将教师在课堂上讲解的理论知识与生活实践相结合，让学生在实践学习中寻找到新的发展，让学生运用所学知识解决生活问题，提高学生对知识的运用能力。然后，开展自主式模式，让学生依照自身的实践情况为自己留作业，提高学生学习的自主性。同时，也可以让学生在解题时发散思维。

高考数学并不是考查单个的知识点，而是一个题目考查多个知识点，或者一个知识点在各个章节中都有所体现，是很常见的事情。因此，适量进行综合题目的训练，能培养学生综合运用所学知识、所学技能、所学方法来思考问题和解决问题的能力。

第五节　高中数学课堂教育中学生自主学习能力的培养

一、高中数学课堂教育中自主学习模式概述

根据新课改的要求，自主学习的教学模式被逐渐带进高中课堂。在实际数学教学中，自主学习模式是指教学以学生为主体，学生根据课本进行个人的自主学习，将教师的指导作用放到辅助地位，最终达到教学目的的教学方法。为了使学生在数学学习中能更好地掌握知识、发展思维，首先应该重视自主学习模式并着力研究。

（一）自主学习模式的主要特点

自主学习模式的基本特点主要包括主体性、独立性、能动性、有效性等部分。其中，"主体性"指的是在教学过程中，首先要明确学生才是学习的主体，而以

往的传统教学中，大都是以教师为主体，填鸭式的教学使课堂变得枯燥，学生并不具备自主意识和能力。"独立性"指的是学生的学习即使脱离了教师，也不应该丢失学习的动力及目标，还是应当具备自主思考的能力，发挥学习过程中个人的独立性。"能动性"是指教师在教学过程中，有必要信任学生自己的学习能力，让学生学习的能动力得到发挥，使其对自身的学习产生兴趣，从而积极参与。"有效性"即学生在自主学习过程中提高学习效率，增加学习成果。

（二）自主学习模式构建的条件

学生要形成自主学习的意识和能力，首先是要心理和理性思维达到一定的水平，其次是要具有内在的学习动机，这是自主学习顺利形成的心理基础，最后是具备一定的学习基础和学习策略。

（三）自主学习模式构建的注意事项

自主学习方式关键在于教师充分发挥主导作用，切实巩固学生的主体地位，形成"教是为了不教"的学生自主学习、自我提高的局面。一是课前预习要有明确具体的任务和要求，课内要有融洽的氛围，教师要创设发挥学生才能的教学情境，使学生能积极地学习和思考，激发学习兴趣，为学生课后进一步自主学习打下坚实的基础；二是要引导学生去认识和发现数学学习中的各类问题，形成问题意识，让学生知道探讨什么，如何夫探究，培养学生发现问题的兴趣和研究问题的习惯，帮助学生步入自主性学习的轨道；三是要承认学生的个体差异，因材施教，分层要求；四是要课内课外一体化安排，课外自主学习要有计划、按步骤地依据老师安排的内容进行。

二、高中数学课堂教育中自主学习模式的构建

（一）培养自主学习意识，增强学生的学习兴趣

为了确保自主学习模式下高中数学教学的高效性，教师必须加大自主学习意识的培养力度。这是因为培养自主学习意识，不仅有助于提高学生的自主学习能力，激发学生的主观能动性，减轻教师的教学负担，还有利于营造轻松、愉悦的学习氛围，提高课堂教学效率。另外，只有增强学生的学习积极性，才能促进学生自主学习，帮助提高课堂教学质量，可以说培养学生自主学习意识与增强学生学习兴趣是相辅相成的。因此，教师应在具体教学过程中，创造出科学、合理的教学模式来兼顾这两方面。

比如，教师在教学"指数函数"前，就可以先提出这样一个问题——假设小明在就业时有两种选择，第一种是每节课都是 40 元，每天都有两节课，按月结算工资，第二种是第一节课 2 元，以后每节课都在前一节的基础上翻倍，其他条件不变。为了获得更多的工资，小明应选哪种？教师在提出疑问后应留一定的时间让学生进行分析、讨论，并鼓励他们通过预习教材中的指数函数内容来进行计算，然后请学生发表讨论结果，最后教师再给予相应的引导与鼓励。

（二）鼓励学生自主钻研，提高学生自主学习意识

在高中数学教学中，为了提高学生的自主学习意识，教师应该鼓励学生进行自主钻研、自主学习。在传统教学中，教师主要采用"满堂灌"的教学方式，学生对于教师存在着很大的依赖性，学生根据教师的要求完成相应的学习任务，导致学生自主学习意识不强，影响学生长远的学习。因此，在高中数学教学中，教师应该结合学生实际的学习情况和学习水平，鼓励学生针对学习内容进行自主探究和钻研，使学生的自主学习意识不断地提高，进而培养学生的自主学习能力。教师具体应该做如下几方面的努力：首先，教师应该为学生布置合适的自主学习任务，以调动学生自主学习的积极性。其次，教师应该教会学生自主学习的方法，避免学生走弯路，浪费课堂学习的时间。最后，在学生自主学习的过程中，教师应该进行适时的指导，及时解决学生在自主学习过程中遇到的问题，确保学生自主学习的顺利进行。

（三）激发学生质疑教学，提高学生的探究能力

高中数学教师应通过一些方式来考查学生的自主学习情况，这不仅有利于了解学生的自主学习能力，有助于教学计划、教学模式以及教学进度的调整与完善，还能在很大程度上提高自主学习下课堂教学的高效性。值得注意的是，如果教师借助考试或者提问抽查的方式来考查学生的自主学习情况，那么学生不仅容易产生紧张、厌烦的心理，而且还会误以为教师对其不信任，所以教师应借助激发学生质疑教学的方式达到检测学生自学效果的目的，并借此提高学生的探究能力。为了更好地激发学生进行质疑，教师可以在讲解某个知识点时故意出错，如果学生没有立即发现这个错误，教师应主动问学生是否真的是这样。比如，教师在演示怎么画粉笔盒的三视图时，就可以故意从右边看并做出右视图。其实，只要是自学过或者认真听讲的学生都知道三视图只包含左视图，根本没有右视图这种说法。值得注意的是，一方面，教师在提高学生的质疑意识时，应从增强质疑意识

入手，并注重课堂互动，增强学生的质疑胆量；另一方面，当学生对某一教学内容提出质疑时，教师不应立即改正，而应该让学生指出为什么错，以及怎样改正，以此提高学生的探究能力。

（四）尊重学生的主体地位，提升自主学习能力

在新课改背景下，学生成了课堂教学的主体，而且自主学习模式又十分重视学生的主体作用，所以教师在教学过程中应尊重学生的主体地位，将课堂交还给学生，以此增强学生的学习积极性，帮助学生提升数学自主学习能力。因为只有当学生成为课堂的主人，当学生意识到自身的主体地位时，才能激发他们的使命感、责任心，才能促使他们积极地进行自学，才有助于提高他们的自主学习能力。要做到尊重学生的主体地位，教师不仅要在设计教学案例、完善教学模式等过程中以学生能否参与为着眼点，还应加大和学生沟通、交流的力度，增进师生间的关系，以避免出现学生在课堂教学中过于拘束，不愿意或者不敢参与教学讨论等情况。

（五）转变教学观念，突出自主学习的重要性

在新课程深化改革的背景下，各种新型的教育理念与思想都逐渐被应用到实践教学过程中。其中，建构主义思想就是其中的一种。建构主义的教学理念认为，学生才是学习的主体，一切教学活动的开展都必须以学生为中心；建构主义的教学理念还认为，教师在教学过程中，应是以指导者的身份自居，充分发挥学生学习的主观能动性，指导学生自主学习。因此，教师在实际教学过程中，应不断转变教学观念，紧密围绕学生的实际情况展开教学，指导学生自主学习，进而让学生充分认识到自主学习的重要性，为提高学生的自主学习能力奠定坚实的基础。例如，教师在进行"复数的四则运算"相关内容的教学时，首先可以要求学生预习课本内容，初步掌握教材中的基础知识；然后，让学生针对自己在预习过程中存在的疑惑，以小组讨论的方式进行沟通交流，从而得到问题的答案。同时，在这个过程中，针对小组合作无法解决的问题，老师应该耐心地进行讲解，以此加深学生的学习印象。该教学方式能够有效锻炼学生的自主学习能力。

（六）转变教学方式，提高学生在课堂中的参与度

教无定法。在实际教学活动过程中，一般好的教学方法能有效激发学生的学习积极性，进而提升课堂教学的效率。反之，若教师采用的教学方式不合理，则会影响整个课堂的教学效果，严重者甚至还会使学生产生厌学心理。因此，在高

中数学课堂的实际教学过程中，教师应该创新教学方式，营造良好的课堂教学氛围，从而有效提高学生在课堂中的参与度。

例如，由于高中数学知识本身就比较枯燥和严谨，所以在学习"概率"的相关内容时，教师可通过抛硬币的方式展开教学，让学生计算投掷 10 次硬币，2 次正面朝上的概率并画出相应的树形图；同时，在进行"概率"的计算时，老师应该合理引入排列组合的相关知识，让学生以三名同学为一个组，开展抛硬币实验。每组的三个成员分别担任抛硬币、记录硬币正反面、计算发生概率的工作。其中，主要计算抛 10 次硬币 3 次正面朝上与 5 次正面朝上的概率。最后，教师可与学生进行交流，为学生指明游戏过程中出现的问题。通过引入实际生活中的案例展开教学，让学生能够更加深入直观地了解"概率"知识，从而有效提高学生在课堂中的参与度。同时，自主探究有利于增强学生的自主学习能力。

（七）采用启发式教学法，不断强化学生的主动提问意识

激发学生主动提问意识是培养学生自主学习能力的重要因素之一。当学生遇到某个感兴趣的知识点时，才愿意主动去探究，进而找出多种解决问题的办法。通过对学生的观察，我们不难发现学习成绩较好的同学往往具有较强的提问意识，促使他们常常带着目标去学习和理解知识，从而导致这部分学生对知识的理解与掌握程度也要高于其他同学。因此，教师在高中数学课堂的实际教学过程中，应该合理采用启发式教学法，培养学生的提问意识。让学生带着问题去主动寻找答案，教师只是适当进行引导，久而久之，便会让学生养成带着问题去学习的良好习惯，进而提升自己的自主学习能力。

（八）课堂设计主辅分明，营造自主学习氛围

数学源于生活，数学在人们的实际生活中是随处可见的。因此，在实际的高中数学课堂教学过程中，教师要突破数学教学的壁垒，将高中数学课堂教学与学生的实际生活紧密联系起来。在实际的课堂教学过程中，教师可以将数学知识与生活中的趣事联系在一起，使抽象化的数学知识更加具体化、形象化、生活化，这能够加深学生对数学知识的理解和认知。同时，生活化的数学知识，更容易激发学生的学习兴趣，调动学生学习的积极主动性，能让学生自主地参与到高中数学学习过程中。通过这种方法，教师既能尊重学生的课堂主体地位，充分发挥出学生课堂学习的主体性作用，调动学生的学习主动性，又能给学生的个性化发展提供充足的空间，为学生的思维发展争取一定的思维空间，促进学生数学思维发

展。同时，设计主辅分明的课堂教学内容，要以学生的自主学习为主、教师的课堂讲授为辅，引导学生进行独立思考学习，培养学生的自主学习能力，为学生营造一个自主探索、自主研究的学习环境，提高其学习效率。

（九）采取分层多样性练习，巩固学生的自学能力

适当的课后练习是巩固学生课堂所学的主要途径。但是，教师在设计练习题的过程中，应该充分考虑学生之间的个体差异性，为不同能力的学生设置不同难度与不同类型的习题，让不同水平层次的学生都能得到相应的锻炼，进而提升学生的自主学习能力，达到巩固课堂所学的目的。

例如在学习"抛物线"的内容时，如果教师仅仅要求学生掌握理论知识和公式，就无法灵活运用抛物线的知识点，所以便需要教师合理设置抛物线的练习题，让学生利用所学的理论知识解决问题，从而帮助学生更加深入地掌握抛物线的相关知识。久而久之，学生在练习的过程中就能够有效提升自己的自主学习能力。

（十）优化教学过程，激发学生的学习兴趣和热情

在以往的高中数学课堂教学中，教师往往是课堂的主宰，讲授什么内容和采取何种方式都是教师自己决定的，在教学的过程中，教师往往沉溺于自身的教育教学中，对学生和学情的考虑较少。高中生天性贪玩，并且学习多数是被动的，教师在教育教学的过程中也是采取高压政策，强制性地促使学生学习，这种情况下，往往高中生是迫于教师的权威或者恐吓来学习的，往往是被动的、消极的。要想在高中数学课堂中培养学生的自主学习能力，教师就必须转变教育教学理念，立足学生的发展，在确定教学目标和教学任务的时候，紧紧围绕着学生的发展而展开。高中生由于学习压力大，学习态度受到学习基础的影响，教师必须正视学情，同时在课堂教学中尊重学生，引导学生，激发学生自主学习的热情。实践证明，和谐融洽的师生关系可以促进学生自主学习欲望的产生，为此教师要摆正心态，关心爱护学生，拉近与学生之间的距离。

高中生自主学习能力的培养是一个循序渐进的过程，也是一个系统化的过程。高中生可塑性很强，教师在教学的过程中可以培养和引导学生养成良好的自主学习习惯。在教学中，教师要针对教学内容和学情的变化优化教学过程，搞好教学设计，引导学生学会自主学习，比如在课堂教学中巧用教学留白、布置相应的课堂作业等，慢慢地让学生坐下来，坐得住，培养他们自主学习的能力。兴趣是最

好的老师，如果在教学的过程中，高中数学教师能够激发学生的探究意识和学习欲望，引导学生爱上数学课，爱解数学问题，那么坚持一段时间后学生就会喜欢上数学课，自然面对数学学习的时候就会静下心来，自主学习能力就会得到培养。教师可以开展情境教学，创设一定的教学情境，激发学生的学习兴趣。

（十一）思源于疑，让学生敢于提出问题

学生自主学习能力的提升源于学生探究意识和探究能力的培养，所以在高中数学课堂中，教师要优化教学过程和教学设计，让学生敢于提出问题、分析问题和解决问题，对于质疑的学生要及时地给予肯定和表扬。学生有疑问就说明学生在思考问题，寻找解决问题的方法，这就是在自主学习和自主探究，是非常可贵的。在以往的高中数学教学中，很多教师更多的是关注学生的基础知识掌握和基本能力建设，认为学好教材上的基本知识，能解决相应的考试问题就可以了。对一些实际问题或者具有一定难度的问题，教师很少涉及，担心打击学生的自信心，或者认为没必要培养他们这方面的能力，因为考试的时候不会涉及这些知识，也考查不到这些能力。其实这种想法是不正确的，高中生虽然受到学龄和年龄的限制，缺乏一定的生活经验，但是他们拥有认知世界的好奇心，拥有解决难题的渴望和意志，所以教师一定要给学生一定思考和探究的时间与空间。以往的高中数学课堂只关注教师，忽视了学生个性的发展，这种教学已经不适应新形势下素质教育的要求，长此以往也会让学生产生厌学的情绪，不利于数学课堂长远的发展。高中生学习的习惯和态度并不乐观，具有一定的被动性。所以在数学课堂教学过程中，教师要整合教学内容，关注学情的变化，优化教学设计，创新教学思维，不断地激发学生的学习兴趣和学习欲望，只有这样才能激发学生的学习积极性，让学生做到自觉学习和自主学习。

（十二）及时准确评价，增强自主学习信心

在实际的高中数学自主学习过程中，有些学生的自主学习意识不强，再加上学生自身学习能力有限，学习效率不高，从而导致自主学习效果不佳，进而对数学的学习失去信心。基于此，教师要在学生进行自主学习的过程中，及时准确地对学生的自主学习成果进行正面的评价和客观评价，以此了解学生的实际情况，根据学生的个性特点，提供相应的数学自主学习方法，不断增强学生的自主学习信心，提高其学习效率。还要根据学生的实际自主学习状况，对学生进行相应的鼓励和引导，来增强学生的自主学习信心，让学生能够独立克服在自主学习中所遇到的困难。此外，要结合学生的学习水平进行客观评价，对于学习水平较高的

学生，要将自主学习过程中的不足作为主要内容，以确保这类学生能够了解在自主学习过程中自身存在的问题，并不断完善。

（十三）注重课后巩固，培养自主反馈习惯

课后巩固对培养学生的自我评价能力和自主学习能力都有着积极的推动作用。在传统的高中数学课堂教学过程中，课后教学巩固主要以教师的教学反思总结为主，一般是对整节课的教学重难点进行知识归纳和总结。因为是从教师的角度出发对课堂教学知识点的归纳与总结，易造成学生过度依赖教师，其自我思考主动性不强。因此，在实际的高中数学课堂教学过程中，教师要重视课后的反思环节，要给学生预留充足的反思时间，引导学生对自身的学习情况进行客观评价，从而有效培养学生的自我评价能力，帮助学生养成自主反馈的好习惯，例如，可以在高中数学课堂教学完成之后，将课后的 15 分钟时间留给学生，让学生自己去总结和反思课堂上的重难点知识，培养学生的自主反思能力。同时，教师要与学生之间进行有效的互动交流，共同探讨课堂教学中存在的难点、重点问题，引导学生之间相互学习，调动学生的学习积极性和主动性。此外，要对学生所面临的共性问题进行分析，针对个别学生进行针对性指导，从而提高学生的学习效率，培养学生的自主学习能力，打造高中数学高效课堂。

三、在实际高中数学课堂教育中培养学生自主学习能力的方法

（一）依据课型，课前精心设计预习方案

设计课前预习问题，课内外一体化安排，让学生带着已储备的知识、自己的疑问进入课堂。课前预习有利于学生掌握重点，发现难点，使课内学习有了更强的针对性，更利于知识的全面掌握。高中生有一定的自学能力，引导其掌握科学有效的预习方法，预习时学生会努力搜集已有的知识和经验来理解、分析新知识，这样变被动学习为主动学习，变学会为会学，从而提高课堂教学的有效性。当前，有很多教师不重视课前预习，学生也是一味地依赖教师而被动地学习，大多数学生只有在教师布置课前预习任务后才走马观花地去预习。因此，为避免预习流于形式，教师应先设计预习方案，列举自学提纲，从内容到思维的深广度、知识与方法归类、预习笔记记录的疑问点与讨论点等都要提出具体要求。

（二）巧妙运用多媒体激发学生的学习兴趣

现代化的教学设备越来越多地运用到了学习当中，多媒体教学就是其中比较常见的教学方法之一，它利用多媒体的技术设备把课程内容和重要知识点进行全面呈现。在多媒体教学中，学生可以脱离数学原本枯燥的教学模式。让学生在学习中产生学习兴趣，这是自主学习的基本立足点。例如，在高中数学的空间几何内容的教学中，运用多媒体先进设备将空间几何进行立体呈现，有利于学生空间思维的培养以及学习效率的提高。

（三）利用小组合作形式培养学生协同互助能力

在高中数学教学中，利用小组组合的形式进行学习，有利于学生自主学习能力的提高。同学间的组合学习，不仅有利于学生积极主动地参与到学习中，还能培养学生的协同互助能力。教师可以根据学生的学习能力进行科学性分组，小组内相互带动讨论，在交流中发展自主意识，同时开阔思维。

小组讨论是自主学习最常见的模式，也是培养学生交流合作能力、自主探究能力、创新质疑能力和逻辑思维能力的最有效途径。例如，在"三棱锥体积"的求解教学中，教师可以采取"先学后教"的教学模式，让学生自由组成讨论小组，结合之前学过的"三角形面积"的知识，讨论如何得出"三棱锥体积"的计算公式。

（四）利用集体探究培养自学能力

小组讨论的优势是给学生足够的独立思考空间和合作探究机会，充分体现学生在数学学习中的主体地位；而集体探究的优势在于强化对学生的思维训练、实现知识脉络的清晰呈现，二者相辅相成，可以结合使用。

例如在"三棱锥体积公式推导"小组讨论结束后，教师可以先针对各组的讨论过程进行点评，然后带领全体学生针对各组讨论结果进行总结分析，进而得出"三棱锥体积公式"的最佳推导方法和正确推导结果，使学生对于之前的讨论思路进行校正与反思，帮助学生拓宽学习思路、完善思维方法、掌握数学知识、形成自学能力。

（五）建立良好的师生关系以及和谐融洽的课堂气氛

亲其师方能信其道。随着教育改革的发展，传统的师生关系显然在新型的教育发展中已经不能起到积极的作用。那么作为教师，我们应该在不断地积极进取中，发挥教师的个人人格魅力，与学生建立和谐友爱的师生关系，营造和谐融洽的课堂气氛使学生在潜移默化中对教师产生信任感。在放松、友爱、积极的课堂上学习，从而激发学生的自主学习兴趣。就现在的高中生来讲，他们也很希望教师能把他们当作知己，看作朋友，尤其是在枯燥的数学课上，他们更希望数学教师是一杯清凉解渴的白开水，以滋润他们美好的心灵。其实数学课就好比是一块情感的绿洲，教师在教学中只有情理结合，倾注自己的情，倾注自己的爱，才能使这块绿洲中的花儿永远充满旺盛的活力。

（六）采用师生互驳的新型教学模式

师生互驳是体现平等师生关系及营造和谐教学氛围的一种自主学习模式，通过教师与学生的互相"驳斥"，帮助学生提高知识的理解能力和应用能力，同时，也培养学生的质疑精神和创新精神，进而培养学生的自主学习意识。

（七）积极引导学生进行课堂反思与总结

自主学习意识的最后一步是课堂总结及反思，这是十分重要的。在数学教学中，教师可以鼓励学生养成写错题集的习惯，让学生在纠错的同时进行良好的反思，总结出学习方法与答题思路，让单一的学习变得多向性。同时课堂总结也有助于学生建立自己的学习计划，在计划的完成过程中增加个人自主学习的动力，使数学自主学习更好地开展。

课后自觉地进行反思，归纳梳理知识，总结解题规律，概括同类题目的解题通法，再由通用性的通法指导我们去解决同类题目，这对解题能力的提高尤其重要，有助于学生形成独立解决问题的能力。要善于在思考中感悟，把知识技能及解题策略真正内化为自己的东西，打造一个完整的数学解题方法体系。

（八）引导学生进行自我评价

自我评价能够促进学生客观地认识自己的不足和优势，教师要积极指导学生进行自我评价，对自己每一阶段的学习成果、态度、目标做出客观的总结，积累成功的经验，分析失败的原因，这样有利于学生及时地调节本阶段的学习心态和方式，在提高学生自我监督能力的同时，也提高了学生的学习效果，使学生形成好的学习习惯，而良好的学习心态和习惯又有利于学生自主学习能力的提高。

（九）依据教材内容，以精备的梯次问题为导向引导学生自主思考

在课堂上，教师应是学生探索数学世界的引导者和促进者，以问题为导向，

让自学与讨论、交流与点拨充斥课堂，引导学生观察、分析、猜想、演算、推理、概括，要给学生足够的自主权和思考的空间，让课堂动起来，通过合作交流讨论形成知识结构，让学生在数学学习活动中获得成功的体验，在学习过程中建立自信心。自学可以让学生对材料进行阅读理解、归纳、整理、分析，独立发现问题和思考问题。讨论是进行信息、思想的交流，把思维引向深入与开放、发现关键点的一种途径，是利于问题解决的有效方法。讨论可以满足学生表现的需要，激发求知欲，培养合作钻研的精神和科研意识，积累归纳数学方法。点拨是提升学生思维能力和综合数学素养的关键环节，如何高效合情地点拨是彰显数学教师功力的关键点，课前需精心准备。对数学思想与数学方法的归纳提炼是点拨的重要内容之一。数学思想是数学的精髓，是数学素质教育的重要内容，是体现学生数学潜能和数学素养的主要方面，而数学方法是解决数学问题的有力保证。教师点拨时不仅要重视数学思想的提炼，更要重视解决具体问题的通用性方法的归纳与总结。

（十）依据考纲，充分利用课本资源，提高学生自主学习意识

首先，深究教材，广泛收集课程资源，创设各种情境。根据章节目标和教学内容，及时巧妙地利用学生现实生活情境，找图片、实物、动作，积极创设各种贴近学生实际生活的情境，布置任务，让学生在任务的驱动下主动学习新知识，在展示战果的过程中感受自己能用数学知识解决实际问题，体验成功的喜悦，大大激发他们的学习积极性；其次，数学与实际生活各个方面息息相关，所以教师应该在课堂上将枯燥的数学知识以有形的形式展现给学生，并加强在实际生活中的锻炼，这样不仅能提高学生学习数学的兴趣，更能引导学生对数学知识的实际应用。

趣味性、探索性强，使数学课堂学习由"看""听""算"的被动学习方式变为"做""说""用"的主动学习方式，适时拓展，设置开放问题，让学生带着问题出教室。为此，教师可以设置"观察""思考"和"探究"等栏目让学生思考，设计的问题也要利于学生自学，章节后的阅读材料、小结中的参考例题都是为学生自学而设计的。因此，在教学中，教师可以充分利用教材的自学内容，让学生有意识地进行阅读、思考并形成习惯。课后及时布置一些相关开放性问题让学生探究，对提高数学解题能力是十分必要的。

（十一）分层次教学，让所有学生自主学习

学生之间存在差异，要善于发现每位学生的闪光点，哪怕是很微弱的亮点，

也要给予鼓励，让他们享受成功的喜悦，树立上进的信心。教师不能用统一的标准去衡量所有学生，针对不同层次的学生，可以安排不同程度的学习活动。课堂上可设置不同层次的题目，对于数学基础较差的学生，可选做一些套用公式定理的基本题，对于基础扎实的同学，可设置一些一题多解、多题一解的发散性思维的训练题。

第六节　高中数学解题过程中学生反思能力的培养

数学课程内容贯穿学生各个成长和教育阶段，高中是学生学习的关键时期，在此阶段数学课程体系比较复杂，在高中数学的学习过程中学生虽然付出了诸多努力，开展了大量的数学练习，但是整体的数学解题能力并没有得到有效提升，这在很大程度上是由于学生的学习方法以及学习思路不科学。本节针对高中数学教学中学生反思能力的培养进行研究，从学生个体角度来分析学生在高中数学解题过程中所存在的问题，帮助学生掌握科学的解题思路和方法，这对于提高学生的数学解题能力，提升学生高中数学学习成绩都具有重要意义。

一、概述

一直以来，高中数学的课程教学都是围绕教师来进行组织和规划的，学生在高中数学的学习中相对被动，教师则缺乏对学生学习方法以及学习能力的培养。为了更好地适应高中数学体系的改革和深化，学生要基于自身的数学学习情况，来培养自身数学学习的反思能力，增强对数学各个重点模块的理解，科学运用高中数学的解题方法，这对于巩固高中生的数学课程学习具有重要意义。

二、高中数学解题过程中培养学生反思能力的重要性

（一）有利于查缺补漏，提高数学解题准确性

很多高中生在数学解题过程中，往往由于自身的疏忽，审题不仔细，导致数学结果计算错误，这会极大影响学生的数学考核成绩。因此在数学解题过程中要积极培养学生的反思能力，让学生能够在解题之后，反思数学解题的过程和结果，对数学结果进行验证，有利于查缺补漏提高学生数学解题的准确性。

（二）有利于掌握多元化解题方法，提高数学解题效率

高中数学的解题方法并不是单一的。不同的数学解题思路，会存在多种解题

方法，数学解题的过程比较灵活，不同的题型不能依赖同一种解题方法。在高中数学的解题过程中培养学生的反思能力，让学生能够从不同的角度审视数学题型，这有利于学生掌握多元化的解题方法，探寻不同的解题路径，实现一题多解，提高数学的解题效率，同时也能够让学生有效地总结数学的解题规律，可以更好地拓展数学解题的视野。

（三）有利于实现数学公式以及定理的条理化

在高中数学的学习过程中，学生受传统解题方法和速度的影响，无法实现高中数学各个模块内容的有效衔接，对于不同章节的数学知识点缺乏总结。让学生在数学的解题过程中树立反思的意识，可以对各个重要的数学知识点、公式和定理等进行条理化，能够梳理出各个不同章节知识点的有效联系，能够对数学概念性内容以及知识形成系统化的了解，这可以大大化解高中数学的学习难度。

三、高中数学解题过程中学生反思能力的培养对策

在高中数学课程体系当中，复杂的知识结构要求学生在解题的过程中要树立反思意识，具备反思的能力，能够有效吸收数学知识点，寻找更便捷的数学解题方法。培养学生数学解题的反思能力还需要从以下几方面入手。

（一）培养学生数学学习的积极性

高中阶段学生的学习压力普遍较大，面对复杂的数学知识内容很多学生都丧失了学习兴趣，要想让学生能够在数学解题中树立反思意识培养反思能力，首先还需要积极培养学生数学学习的积极性。在此过程中，数学教师要积极创新数学的教学思路和模式，以独特的教学方式和理念吸引高中生学习。除此之外，教师要科学引导学生学习数学，让学生能够科学认识自身在解题过程中的错误，改变传统对高中数学的认知，让学生能够对做错的数学题进行梳理和总结，帮助学生逐步形成科学的反思意识，让学生在数学解题过程中能够形成良好的检验习惯。另外，学生也要积极探寻数学学习的规律，并能够对数学解题方法举一反三，对高中数学的重点内容和模块能够形成系统性的理解，这会进一步提高学生的数学反思能力。

（二）学生积极记录反思笔记

学生数学解题过程中反思能力的培养不能一蹴而就，而是一个漫长的过程，因此学生要针对反思能力的培养进行科学的学习规划，针对高中数学的学习进度，

学生要积极制订适合自身的学习计划，对平时的数学练习题以及考试的重点题型等做好笔记，努力培养自身数学概括总结的能力。另外在数学解题过程中记录反思笔记，也能让学生对复杂的数学知识点形成系统化的理解，能够清晰地把握每个章节的数学重点，以及重点题型的解题思路和方法。同时在数学的反思笔记中也能找到自身的解题缺陷和思维漏洞，可以总结高中数学学习的经验。

（三）拓宽高中生数学学习视角

目前高中生在数学的学习和解题过程中，学习视角具有一定的局限性，主要是围绕课程大纲展开训练，为了更好地培养学生数学解题中的反思能力，还需要积极拓展高中生数学学习视角，了解和学习更全面的数学文化，这不仅可以帮助学生形成科学的解题思路，也能够更客观地明确自身数学解题中所存在的不足。

综合上面的阐述和总结，高中数学的解题和学习是非常重要的环节，对于提升高中生的学习能力和成绩具有重要帮助，因此要积极培养学生解题过程中的反思能力，让学生能够形成良好的数学解题习惯，明确自身高中数学解题中存在的漏洞，更好地巩固高中数学知识点。

第七节　探究情境教学对高中数学课堂教育的意义

一、高中数学课堂教育与情境教学

（一）情境教学的内涵

所谓情境教学，就是在教学的过程中通过对文字、音频、视频等的使用，为学生设定特定的教学环境。这样能够为学生创造生动形象的情境，并为学生营造轻松愉悦的学习氛围。以这样的方式开展教学，能够让学生的学习热情得到激发，并让学生主动积极地参加教学活动。情境教学对学生的主观能动性要求较高，并且必须以师生的良好关系为基础，教师在开展教学活动的过程中还要扮演学生引路者的角色，这样才能让情境教学发挥其应有的作用。情境教学的主要目的是培养学生的创造性思维，提升学生的学习兴趣，让学生的实践能力得到提升的同时更好地适应环境，从而达到提升教学质量的目的。

情境教学旨在为学生设立学习情境，让学生在情境中体验到学习的乐趣，同时也提升了学习的积极性。情境教学是在特定的环境中让学生做出适当行为反应，而情境所发挥的功能则是为人们带来一定的刺激，从而创造出有利于记忆的环境。数学情境则是为数学的教学和学习专门营造的特定环境。在这个环境当中，通过数学教师的引导手段，学生做出相应的反射，从而产生相应的学习行为。数学情境教学能够进一步促进学生对数学问题的发现和解决，能够取得相当程度上的有效成果。

（二）情境教学的特点

1.趣味性

兴趣是最好的老师，在学生的认知活动中并不是可有可无的，而是非常重要的因素，甚至在某种程度上起着决定性作用，是学生学习的内在动力，是教学成功的先决条件。激发学生学习兴趣、引导学生展开快乐学习这一点不会随着教学形式的变化而有所改变，是任何形势下教师都要首先考虑的重点问题之一。那么在创设情境中同样需要以激发学生的兴趣为出发点，否则情境再好，学生没有学习兴趣，也注定是失败的。因此，在创设情境时，不仅要考虑学生的基础知识与认知规律等智力因素，在新知与旧知间找到最佳的结合点，以完成对新知的探究，同时还要考虑学生的兴趣、爱好等非智力因素，找准能够激发学生学习兴趣的切入点，引起学生的关注，集中学生的思维与注意力，这样的情境才是有效的。例如，幽默生动的故事情境、直观形象的多媒体情境、生动有趣的游戏情境、丰富多彩的生活情境、具体可行的操作情境等，都可以成为激发学生兴趣的导火索。

2.真实性

数学学科与人类生产生活密切相关，是一门既源于生活，又服务于生活的学科，这是数学学科的本质特征。数学教学活动的开展要充分考虑到学科的特征，加强与现实生活的联系，以学生所熟悉的各类生产生活现象来引入新知，这样不仅可以拉近学生与数学学科的距离，让学生产生亲切感，激发学生的学习热情；同时还可以让学生在学习的过程中直接感受数学与生活的关系，增强数学的实用性，加强学生对数学知识的深刻理解与灵活运用。让学生从现实生活中提取数学素材，用数学知识来解决生活问题，将数学教学引向生活这一无限的空间，实现数学教学生活化、开放化，这正是数学新课改的重要理念。

因此，教师在创设教学情境时，选择的素材要具有真实性，要切实从学生的角度来审视数学与生活，通过具体可感、真实存在的生活事物与现象来创设情境，引导学生结合所学知识与生活经验来展开认真的观察、独立的思考与积极的思维，层层深入，直达事物的本质，进而抽象出规律性认知，实现对抽象深奥知识点的深刻而形象的理解。例如，在学习"等比数列"时，教师就可以选取学生所熟悉的生活现象，如计算机病毒的传播、细胞的裂变、纸张的对折等来创设真实情境，用计算机进行直观而动态的模拟，以引发学生探究动机，实现学生主动探究。

3. 梯度性

学生的认知过程本身就是一个由浅入深、由易到难、由表象到本质、由感性到理性的循序渐进的过程。这决定了数学教学不能梯度过大，而是要步步为营、层层深入地展开，这是由学生本身的认知规律所决定的，同时也是由学生之间存在个体差异所决定的。学生之间存在着明显的差异，这是教学中不可回避的事实，而传统教学中采用"一刀切"的教学模式，势必只能满足部分学生的学习需求。因此，创设情境时要遵循学生的认知规律，兼顾学生间的差异性，设计出梯度性的问题，将一个较为复杂的问题设计成递进的几个小问题，这样才能满足不同层次学生的不同学习需求，贴近学生的最近发展区，能够促进全体学生的共同发展。实践证明，通过这样一系列的问题链，更能够使教学贴近学生的最近发展区，唤起学生探究的热情，使学生能够通过这一系列由浅入深的问题链来展开探究，运用所学知识来成功地解决问题，实现对所学知识点的真正理解与掌握。

（三）情境教学模式适合高中数学学科特点

数学不同于其他自然学科，其抽象性是困扰大多数以感性思维见长的文科生的主要问题。因此淡化抽象度，使其变得形象直观，是每个高中数学教师都值得去认真研究的课题。简单来讲，就是创设情境教学模式。顾名思义，情境教学模式是以案例或情境为载体引导学生进行自主探究性学习，以提高学生分析和解决实际问题的能力的一种教学方法。在实际教学中，教师只要能结合所讲授的知识，铺设一幅蕴含重难点以及易混点的知识情境图像在学生面前，让学生充分发挥主观能动性，通过联想、假设、感知，对知识点达到理解和深化，就一定能取得比较明显的教学效果。在一个班级内部，学生的学习水平无疑存在着差别，而情境教学模式则能有效地弥补由这种差别而造成的不同的教学效果的缺陷。逻辑思维能力强的学生更容易从中梳理出数学规律，而感性思维能力强的偏重文科的学生也能够很直观地从中感悟到教师当堂所要讲授的内容，从而完成章节教学目标。由此，情境教学模式对于优化高中数学课堂教学有着重要的作用，值得每一个教师去开发研究。

二、高中数学课堂教学中情境教学模式的积极影响

由于长期受到传统教学观念的影响，在数学教学过程中，基本上都是教师在课堂上一味地进行知识灌输，而学生长期处于被动地位，在一定程度上受到思维的限制，甚至会由于无法跟上教学进度而产生厌学心理。在如今教育体制进一步改革的条件下，情境教学模式对学生的数学学习产生了一定的积极影响。

（一）以学生兴趣为教学出发点，激发学生潜能

长期以来，高中数学教学模式在传统教学模式的影响下，教学效果不显著。教师是课堂上的主体，所采用的教学方式一般是题海战术，学生在这样的教学模式中被动地接受知识。为了改善高中数学的教学现状，引入了情境教学模式。该种教学模式在实际教学中的应用以学生兴趣为教学出发点，可以充分调动学生的学习积极性。在教师的引导下，学生能够实现主动思考，积极参与到课堂讨论中来，可以说该种教学模式有效地激发了学生的潜能。

（二）促进了以生为本的教学目标

以人为本是社会发展的根本法则之一，将以人为本的理念融入高中教学中，即以生为本。在情境教学模式中教师能够根据教学内容，以学生的知识掌握程度为依据，制订科学合理的教学情境以及教学计划。在教学活动开展过程中，教师也能够充分地尊重学生意愿，以发展学生为根据，以培养学习数学思维为目标。在这样的教学模式下，学生的学习能力得到了有效的提升。

（三）打破了传统意义上的教学模式，为教师和学生创造了良好的教学环境，营造了愉悦的课堂气氛

在传统教学活动中，教师占据主导地位，规定着学生学习的方向，学生在课堂上处于被动地位。而情境教学模式的融入，使得这种地位关系调换，在教学方向正确的条件下，增加了学生的自主学习成分，这样一来，不仅对学生而言是一种解放，对于教师而言也同样获得了崭新的教学视野。情境教学模式有利于学生对数学学习的自主发挥，教师在自身教学思想和学生学习思想相互碰撞的过程中，对相应知识的传授也显得更为鲜活，从而为整个课堂创造了良好的课堂氛围，将教师与课堂融为一体，使课堂教学能够更为深入地开展下去。教师是课堂上的组织者和领导者，对整个课堂的有效进程起着重要作用，情境教学法让教师得到了良好的教学平台，将教师深入教学主体当中，从而充分发挥自我效能。

三、高中数学课堂教学中创设情境的方法

（一）借助多媒体建立教学情境

随着先进科学技术研究的不断深入，多种现代化教学手段逐渐被渗透到各级学校的课堂教学活动中，尤其以多媒体教学技术的应用较为广泛。当前环境下，任课教师在高中数学实际课堂教学中需充分借助多媒体技术，为学生创设实物教学情境，使其能够身临其境地学习新知识，教学效果事半功倍。

高中数学教学是高考知识点考查中的重点学科，是培养学生数学思维以及逻辑思维能力的关键环节。在传统的教学模式下，学生在课堂上的主体地位不能得到重视。题海战术的应用使得高中数学教学机械化，学生在被动状态下学习。多媒体技术能够根据教学内容需求，为学生制定有针对性的教学展示内容，使得学生能够在特定的教学环境中对知识有充分的掌握。以科技信息技术为依托的教学设备被逐渐引入课堂教学中，使得高中数学教学形式走向多元化。

多媒体技术是现代教学的重要手段之一，它有效地克服了传统课堂教学的单一性，而把学生带入了一个可以全面利用视听感官以获得知识体验的场景中。多媒体信息技术自身所具有的图文并茂、声像并举、能动会变、形象直观的特点，在为学生再现各种情境时，可激起学生的各种感官的参与，调动学生强烈的学习欲望，激发学生的学习动机和培养学生的学习兴趣。特别是在讲授立体几何的一系列知识时，多媒体技术可以跳出黑板平面上很难作图展示立体图形的限制，运用动漫场景，清晰地把复杂图形的形成以及变化过程进行分解，化作几个简单的图形来展示，并且还能够再现一些建筑、装修、制造等实际运用到立体几何的场景给学生看，一方面能让他们认识到立体几何的重要性，另一方面对他们空间思维的形成和培养也有一定的帮助。

（二）将生活情境引入教学内容

从本质上来讲，高中数学教材内容丰富，涉及知识面较广，推理、逻辑知识较多，内容枯燥，学生在课堂学习中易产生厌烦心理，学习兴致不高，导致教学效果不乐观。对于这种情况，教师在课堂教学中需充分发挥自身创造力，利用有限的教学资源为学生创设独特的教学情境，丰富课堂教学的内容，吸引学生的注意力，提高课堂教学的效率。

数列是高中数学教学中的重点内容，在实际教学中，为了让学生能够更好地理解什么是数列，教师将生活情境中所包含的数列规律与书本中的数列相结合。

在吸引学生注意的前提下，将书本中的知识融入。

例如在数列教学中，教师可以向学生发问："同学们，大自然能够读懂数学吗？老师这就带领你们走进大自然，去感受大自然中的数学魅力。"教师通过多媒体向学生展示树木、花瓣以及自然植物的图片，"树木的分权、花瓣的数量以及植物的种子，其数量都具有一定的数学规律，你能发现它们之间的规律吗？"此时在多媒体中向学生展示一组数字：1，1，2，3，5，8，13……同时用多媒体向学生展示图片，如花瓣的数目有3、5、8、13。当生活情境被引入课堂之后，教师将书本中的数组知识引出来，数列的具体含义为：按照一定顺序排列的数叫作数列，数列中的每一个数字都叫作数列的项。数列中的每一项都与序号有关系，排在第一位的数被称为这个数列的第1项，同时也被叫作首项，以此类推，排在第 n 位的数被称为这个数列的第 n 项。

（三）精研教材，为抽象知识点创设直观化教学情境

高中数学教学内容中，不乏能与生活实际相结合的知识点，教师只要勤于研究，都能够把这些看似抽象的知识点通过形象化的处理，或制作成课件，或在课堂上创设情境，让学生展开联想，把这些知识点化难为易、化繁为简，从而使学生轻松理解并掌握。如"函数的单调性"一节，教师可以先为学生用语言或用视听材料勾画出"水面的波纹"这一场景，让学生把这一场景定格在脑海中，进而在引入当堂要讲述的内容时，再让学生从中发现二者的相似之处，或者在课下事先准备"一条绳子"作为小道具，在上课的时候，可以用手握着绳子的一端，在讲桌上或者地面上上下甩动，使其产生比较均匀的绳波。如此通过对水波和绳波的想象和理解，学生就能很真切地感知到反比例函数和二次函数都具备的这种起伏性。

（四）根据学生的认知特点，创设情境

数学不同于语文以及其他文科类的学科，学好数学在一定程度上依靠学生的数学素养和方法，单靠机械地努力难以取得良好的效果。但是，事实却是很多学生直到上了高中也没有找到一种适合自己学习数学的学习方法，这就使得学生的成绩差距越来越大，也严重影响了教师的教学进度。为了让学生尽可能地享受到同步教学，教师在平时教学的过程中就要注意这一点，根据学生的认知特点，给学生创设合适的情境，帮助学生理解数学知识。

比如高中的函数是比较难的一部分，同时也是考查的重点。教师在创设情境，设计教学时，就要从基础出发，向深层次引入，为学生创设情境，帮助学生理解

数学知识。如果教师一上来就创设一个难度较高的情境，学生在理解的时候仍然会比较茫然，这就失去了创设情境的意义。又如在讲解"正弦定理、余弦定理的应用"时，教师要考虑到这部分知识是考查的重点，一些运用是比较困难的，这就需要打好学生的基础，根据不同学生的认知特点创设情境，帮助学生巩固基础，提高学生的数学成绩。因此，教师要根据学生对知识掌握的情况和他们的认知特点，创设合适的情境。

第四章 高中数学"问题驱动"教学实践

在当下时代背景下，传统教学模式已经不再适用，需要引入新的教学方法，以便满足学生对教学的要求。"问题驱动"式的教学方式是一种高效性的教学方式，能够通过问题的引导使学生进行积极的思考，使课堂的教学环节之间通过问题相衔接，从而极大地提高了课堂效率。因此在当前高中数学教育创新的过程中，实施"问题驱动"教学是必不可少的。"问题驱动"教学的实施是活化高中数学课堂的有效手段，对于学生思维能力、学科素养的提升有很大作用。

第一节 "问题驱动"的概述

一、"问题"的含义

（一）问题是有疑难性的

现代汉语词典对"问题"的解释是：需要研究讨论并加以解决的矛盾、疑难。数学教育家波利亚认为，困难就是问题。"哪里没有困难，哪里就没有问题。"他说："一个涌上脑际的念头，倘若毫无困难地通过一些明显的行动就达到了所求的目标，那就不产生问题，然而，倘若我想不出这样的行动来，那就产生了问题。"

（二）问题是有可解决性的

数学家希尔伯特认为：一个数学问题应该是困难的，但却不应是完全不可解决而致使我们白费力气的，在通往那隐藏真理的曲折道路上，它应该是指引我们前进的一盏明灯，并最终以成功的喜悦作为对我们的报偿。希尔伯特关于数学问题的这段论述对我们的教学具有一定的指导意义。

（三）问题是有思维性的

所谓数学思维，就是以数学问题为载体，通过发现问题、解决问题的形式，达到对现实世界的空间形式和数量关系的一般性认识的过程，所以，问题为思维指出了方向，解决问题则成为思维的目的，数学思维过程就是不断地提出问题、解决问题的过程，数学知识是数学问题的结果，数学知识体系则是数学问题的体系，因此，数学问题对思维活动的全过程起着决定性的作用，离开了数学问题，就无所谓的数学思维了。

（四）问题是有驱动性的

"问题"在数学学习中是十分重要的，然而，许多教师对"问题"含义的理解却十分模糊，有些教师把问题等同于数学习题，等同于提问，实际上，在数学教学中，"数学问题"是为引导学生发现数学、探究数学、建立数学、运用数学而营造的一种心理困境，这种困境的状态是学生有目的地追求而尚未找到适当手段解决，所以，数学教学中的"问题"是有驱动性的。

二、"问题"的价值

在数学教学中，数学问题是引发学生思维与探索活动的向导，有了问题，学生的好奇心才能被激发；有了问题，学生的思维才开始启动；有了问题，学生的探究才真正有效；有了问题，学生的学习动力才能持续输出。

（一）问题是创新的起点

美国心理学家吉尔福特说："科学家成功与否很大程度上取决于他提出问题的能力。"由此可见创新的起点是问题，只有发现问题并提出问题，才能有目的、有步骤地提出解决问题的方法，得出相应的结论，所以说问题的提出是创造过程中的第一阶段，没有问题就迈不出第一步，创新精神和创新能力也就无从谈起，纵观人类社会，认识的发展、技术的创新以及科学的发明无一不是从发现问题开始的，所以培养学生的创新精神当然要从问题开始。

（二）问题是兴趣的动因

孔子曰："知之者不如好之者，好之者不如乐之者。"不同的人在同样的学习环境下学习效果不一样，自身的素质固然是一个方面，更加重要的还在于学习者对学习内容的态度或感觉，正所谓"兴趣是最好的老师"，当你对一门科目产生了兴趣之后，自然会学得比别人好，而问题最易激发学生的学习兴趣，学生感到有兴趣，学起来就积极主动，满腔热情，可以说，创新精神的前提是兴趣，而兴趣的动因却是问题，"学起于思，思源于疑"，疑即问题，是引起思考的动因，是激起学生学习欲望和探究精神的最积极因素。

（三）问题是数学课堂的心脏

美国著名数学家哈尔莫斯说："问题是数学的心脏。"其实，这不仅指在数学的研究过程中，也包括在数学的教学过程中，在数学课堂上，没有了问题，学生便没有了思维，当那种简单的"是不是""对不对"等没有思维含量的问题充斥数学课堂时，学生的智力只会逐步弱化，只有通过问题，才能把知识的逻辑结构与学生的思维过程有机地联系起来，使知识的逻辑结构转化为学生的认知结构，也只有通过问题，学生才能主动探究、发现数学的内在规律，认识、理解数学本质，并在活动中建构数学。

（四）问题是数学活动的载体

可以说，数学课堂是在教师引导下学生思维活动的场所，然而，现实的课堂往往是以简单的记忆、训练、操作来替代学生的思维，事实上，目前许多所谓的课堂活动都不是有效的数学活动，因为没有学生思维的参与，或者说没有学生思维的深度参与，那么，该怎样引导学生进行有效的学习活动呢？首先要设计合理、恰当的问题，问题是数学活动的载体，没有问题、没有思维参与的外在操作活动，只能是"假活动"。

有了问题，就需要解决问题，这样，学生的思维就动起来了，在解决问题的过程中，又会不断地产生新的问题，并且促进原来问题的进一步解决，同时，随着新问题的提出，思维又向前推进，因此，问题是思维活动的结果，思维活动从问题开始，思维活动又导致新的问题的产生，这样循环往复，思维得以发展。

三、高中数学课堂"问题"的常见类型

按功能进行分类，高中数学课堂常见的"问题"有以下几种：

（一）铺垫性问题

在一节数学课或课中某个教学环节开始时，有时需要设置一些铺垫性问题。例如：

1. 回顾性问题

回顾已学的知识或方法，为新知识或新方法的出现做好铺垫。

2. 情境性问题

为了配合情境的创设而提出的一些问题，它不同于情境创设之后提出的让学生充分思考与探究的问题，因此归属于铺垫性问题。

3.过渡性问题

在课题引入，或不同内容、不同教学环节之间进行衔接时，为了实现自然过渡而提出的问题，过渡性问题虽然没有多少思维量，但往往也不可缺少，它可使得课堂教学更加自然流畅。

（二）统领性问题

在课题引入之前或之后，可设置统领性问题，以明确后面研究的思想、方向、内容或方法等。例如：

1.总起性问题

在苏教版普通高中课程标准数学实验教科书中，每一小节的情境之后通常有一个前面带圆点的问题，这个问题可认为是本小节的总起性问题，这些问题，开始学生往往是难以回答的，也正因如此，它留下了悬念，可以激发起学生进一步探究的兴趣以及想看个究竟的冲动，而当整节课结束时，这个总起性问题会自然得到解决，学生也会从该问题的内涵及解决过程中领悟到本节课的要义所在。

2.思想性问题

有时，也可以直接提出有关研究思想与方法的问题，起到居高临下的指导作用。

（三）探究性问题

课程标准强调要让学生经历知识的形成过程，所以在生成数学概念、定理、性质、法则、公式等新知识的过程中，通常宜设置一些探究性问题供学生思考。例如：

1.概括性问题

在一些可见的实例后，可设置概括性问题，以抽象出新的数学概念。

2.发现性问题

在问题情境或一些数学事实后，可设置发现性问题，让学生自己发现相关的数学结论。

3.直接性问题

有时可针对课上的一些知识性目标，将其直接设置为问题，让学生进行探究。

4. 类比性问题

在数学概念或数学结论生成时，有时可依据类似的知识或方法来设置类比性问题让学生探究。

5. 领悟性问题

在问题情境后，可设置领悟性问题让学生探究，以感悟其包含的深刻内涵，并自然生成新知。

6. 递进性问题

有时可针对一个新知识来设置一组问题，这些问题相互关联，逐步递进，构成递进性问题，这组问题解决后，能比较自然地生成新的知识，通常，这样的递进性问题也称为"问题串"。

7. 核心性问题

在一节数学课中，通常要设置一两个最为核心的问题让学生来探究，以突出本节课的要点，核心性问题通常是一节课的命脉。

8. 发散性问题

有时，为了体现思维的广阔性，在新知生成或数学应用中可设置发散性问题让学生探究，以培养学生多角度的思维能力。

9. 追问性问题

在问题探究过程中，为了暴露学生的思维过程或增强思维过程的缜密性等，可设置一些追问性问题，以促使师生之间进行思维交流。

（四）理解性问题

在新的数学知识生成之后，有时可设置一些理解性问题，促进学生对新知识的内化与掌握。例如：

1. 辨析性问题

围绕新知识的内涵或外延设计一些命题让学生进行判断，引导学生深刻理解相关知识、明确注意点等。

2. 比较性问题

将不同的新知识，或新知识与旧知识等放在一起进行比较，让学生找出它们的联系与区别之处。

（五）应用性问题

在数学新授课上，当新知建构之后，通常会设置一些应用性问题，让学生在应用中体验，在体验中进一步感悟知识。例如：

1. 示范性问题

类似于教材中的例题，给学生作示范如何应用所学知识来解决问题。

2. 巩固性问题

用类似的题目进行练习，进一步巩固相关解题原理与方法。

3. 变式性问题

适当改变题目的条件或设问方式，引导学生看清问题与方法的本质。

4. 题组性问题

将一些有关联的题目放在一起，形成题组，引导学生体会它们之间的联系与区别。

（六）反思性问题

在课的某个教学环节之后或课的结尾处，可设置反思性问题，引导学生回头看，以从中归纳与引申。例如：

1. 提炼性问题

引导学生提炼出相应的解题原理、方法与步骤。

2. 总结性问题

引导学生对本节课的知识要点、思想与方法等进行及时回顾。

3. 提升性问题

引导学生从更高的角度来看本节课中的知识与方法，以期进一步提升学生的数学素养，促进学生的发展。

四、高中数学教学中的"问题驱动"

数学教学离不开问题的驱动，换言之，基于问题驱动的课堂才是真正的数学课堂。

苏联教育家苏霍姆林斯基说过："让学生体验到一种自己亲自参加与掌握知识的情感，乃是唤起少年特有的对知识的兴趣的重要条件。"我国近代著名教育家陶行知先生也说过："发明千千万，起点是一问，智者问得巧，愚者问得笨。"

我们不难发现，问题驱动正是这些教学思想的体现。

建构主义学习理论强调："学生的学习活动必须与任务或问题相结合，以探索问题来引导和维持学生的学习兴趣和动机，创设真实的教学情境，让学生带着真实的任务学习，以使学生拥有学习的主动权，学生的学习不单是知识由外到内的转移和传递，更应该是学生主动建构自己知识经验的过程，通过新经验和原有知识经验的相互作用，充实和丰富自身的知识、能力。所以，问题驱动也顺应了这一学习理论的要求。"

"问题驱动"可以理解为一种教学方法，也可以理解为一种教学策略，它是一种以学生为主体、以各种问题为学习起点、以问题为核心来规划学习内容、让学生围绕问题寻求解决方案的学习方法。

在高中数学课堂上，"问题驱动"就是指教师在课堂教学中以一系列问题为载体，通过学生的独立思考、自主探究、合作讨论等方式来解决问题，从而达到学习数学知识、掌握相关方法、提高学生数学思维能力等的一种教学方法与策略。

高中数学课堂上的"问题驱动"通常包括创设情境、提出问题、探究交流、解决问题、意义建构、知识应用、拓展提升等环节，因为有明确问题的提出，所以这种教学方法与策略给学生的课堂学习提出了明确的要求，能增强课堂教学的目的性，对学生的学习具有导向性。同时，在问题解决的过程中，需要通过师生之间、学生之间的思维交流，把学生对问题的认识、理解、解法等都表达出来，从而能发挥学生的主体作用。因此，这种教学方法与策略能提高学生学习的主动性，提高学生在教学过程中的参与度。

实施"问题驱动"，要求教师在课前备课时将要学习的内容转化为一个个的问题，课堂上让学生在解决问题的过程中自然掌握所要学的知识、方法与思想，与传统教学中讲授者角色不同的是，教师在此教学方法中的角色是问题的设计者、问题解决的参与者和意义建构的引导者。所以，这种教学方法与策略对教师的要求更高，需要教师具备较强的知识理解能力和课堂掌控能力。

第二节　高中数学新授课中"问题驱动"的建构思路

众所周知，问题在数学学习中有举足轻重的作用。有了问题，思维才有方向；有了问题，思维才有动力；有了问题，思维才有创新。因此，在教学中，我们应根据学生的认知规律和教学内容来设计问题，并充分挖掘问题的思维价值。用问题呈现研究思想，让学生在问中悟；用问题促使知识生长，让学生在问中探；用问题激发智慧潜能，让学生在问中明。

一、提炼核心问题，呈现研究思想

人类文明史告诉我们，推动人类社会进步的最大动力之源是人类的思想，古今中外，伟大的思想和思想家，从来都是指引人类一步步走向光明、和谐、幸福、自由的灯塔。同样地，数学的发展也离不开重要思想的引领和支撑，这里所说的思想，不仅指具体的数学思想，还包括意义更广泛的研究策略、行动策略或哲学思想等。

那么，如何有效地传授这些重要的思想呢？提炼每节课的核心问题，让学生在相关的问题及问题解决中感悟这些思想，是一个值得提倡的做法。

二、设计引导问题，促进知识生长

数学概念通常比较抽象，初学者有时会感到定义来得突然或内容较为费解，那么数学课堂上该如何自然地呈现这些新知，并使学生易于掌握呢？特级教师魏书生启发我们："知识是'生长'出来的，学生的学习过程是知识不断积累和能力不断提高的过程，新知识的学习是在原有基础上进行的'老枝发新芽'，学生对新知识的理解是逐步由模糊到清晰、由零碎到完整并融入原有的知识体系之中。"建构主义也认为，学习是学生经验体系在一定环境中自内而外的"生长"，它以学生原有的知识经验为基础实现知识的建构。可见，在平时的教学中，若注意挖掘每一个知识的自然性，让新的知识在旧的知识里"生长"出来，就显得十分自然且易于被学生所掌握了。

事实上，在学习新的知识时，学生往往并不缺少必要的旧知识与经验，但为什么他们自己不能够主动地建构出新的知识来呢？其主要原因是缺乏必要的问题引导，因此，数学新授课的一个重要方面是教师要设计一系列合理的问题来引导学生探究，促使新的知识在学生原有的知识体系中自然生长。

三、追求生成问题，激发智慧潜能

数学教育要培养学生提出问题、思考问题、解决问题的习惯，而发现一个问题常常比解决一个问题更重要，因此问题的动态生成是课程标准倡导的一个重要教学理念，应当成为我们努力追求的一种境界，为此，在教学中应力求做到以下几点：一是确立一种观念，即风平浪静、一帆风顺的课不一定是好课；二是积极创造机会鼓励学生提问，不断激发学生质疑问难的勇气和内在动力；三是充分研讨学生所提的问题，并给出明确的结论，让学生在发问中越研越明。

第三节　高中数学复习课中"问题驱动"的教学策略

高三数学备考的一个重要任务是帮助学生构建知识网络和方法网络，提高学生的解题能力，那么在高三数学复习课上，如何通过"问题驱动"的方式来达成这些目标呢？

一、设置递进性问题，帮助学生回顾与固化

（一）利用递进性问题回顾知识的形成过程

对于数学概念、公式、法则、定理等，高三学生的一个通病是只知其然，而不知其所以然。因此，在高三数学复习课上，宜设置一些递进性的问题，再现核心知识的形成过程，揭示其研究思想。

（二）利用递进性问题固化常规的解题思路

在高三数学的第一轮复习中，不少学生对于一些常规问题的解决还处在一个懵懂的阶段，这时宜设置一些递进性的问题，帮助学生固化一些常规的解题思路，形成有序的解题思维。

二、设置对应性问题，促进学生理解与构建

（一）利用对应性问题促进学生对概念的理解

数学概念是解题的起点，在高三数学复习课上，宜设置一些问题来促进学生对相关概念的理解，这些问题可与知识相对应，逐个给出。

（二）利用对应性问题促进方法体系的构建

对于解题方法较多的某类问题，在高三数学复习课上，可选择与每种解法相对应的一些题目逐个给出，以此构建较完整的方法体系。

（三）设置总起性问题，引发学生关注与思考

高三数学复习课上，在某类问题出现之前，可用一个问题作为总起，引发学生对该类问题的关注与思考，明确该阶段的学习目标。

（四）设置回望性问题，引导学生反思与总结

高三数学复习课上，在某类问题解决之后，或者在课的结尾处，可用问题引

导学生回头看，对解题过程进行反思，对相关的思想方法、解题策略或注意点等进行归纳与总结等。

在高三数学复习课中采用"问题驱动"的教学方式具有可显化教学目标、能明确思考方向、易进行提炼总结、可增强师生互动等优点，能提高复习的有效性。

第四节　还原高中数学概念自然性的教学策略

数学概念是数学的逻辑起点，是学生认知的基础，是学生进行数学思维的核心，在数学学习与教学中具有重要的地位，世间万物无不具有其产生与发展的自然性，数学概念也不例外，它的产生与发展应是合理的、水到渠成的，但教材中的很多概念都是直接呈现的，缺少对其形成过程的介绍，掩盖了这种自然性，教学中如果将这些概念直接强加给学生，不仅会让学生感到定义来得突然，内容比较费解，而且不利于学生掌握其内容本质。

一、体验具体实例，实现知识抽象

瑞士心理学家皮亚杰认为："传统数学教学的缺点，在于往往只是口头上讲解，而不是从实际操作开始数学教学。"也就是说，学生对一些抽象数学概念的接受，往往需要从具体的实例出发，表现出对具体材料的依赖性，所以在教学中，教师往往需要凭借具体的素材来建立模型，即列举足够数量的实例，并用问题让学生在其共性中抽象出有关概念，这样做既还原了概念的自然性，学生也乐于接受。

二、类比熟悉概念，实现知识迁移

类比是把未知与已知联系起来，由已知推出未知的过程，它是一种重要的推理方法，也是一种富于创新的思维方式，数学中同一知识体系内的不同概念或不同知识体系里的相关内容往往具有相同或相似点，教学中如果能设置合理的情境与问题，让学生根据其相似性进行类比学习，既能让学生学得轻松，也能较好地培养学生良好的思维。

三、根据不同表征，实现知识转译

有些数学概念有着多重表征形式，教学中可从学生熟悉的表征形式出发，通过设置问题来使学生逐步理解与意会，将其转译成新的表征形式，进而得到新的数学概念，这样也就能较好地还原相关概念的自然性。

第五节 探究高中数学课堂问题的教学策略

探究活动是课堂问题解决的主渠道，是发挥学生聪明才智的主阵地，是培养学生创新能力的主要途径。课堂上，问题探究是否得以有效地开展是衡量学生的主体地位有没有得到充分发挥的重要标尺。那么，如何有效实施课堂问题的探究活动呢？

一、大胆设问，在新知生成时留下探究空间

课程标准提倡通过创设问题情境来再现有关数学概念、定理、结论等的形成过程，在运用这些情境时，教师可以大胆设问，为知识的形成留下悬念，以提升情境问题的探究价值。

二、子问题导引，在解题教学中铺下探究之路

解题教学是数学课上一个必不可少且十分重要的环节，为了体现课程标准的教学理念，教师可以根据一些题目的特点，有针对性地设计几个子问题来引导学生挖掘题目的隐含条件、沟通条件与结论的联系、揭示问题的本质或者进行必要的拓展与引申等。

三、类题剖析，在试题讲评中踩下探究脚印

为了提高试卷讲评的针对性，教师可以重点分析一些学生出错率较高的题目，因为学生对这些问题已经有了自己的感悟与答案，所以分析致错原因、挖掘题目本质、探求一般规律是课堂教学的主要任务，在试题讲评课上，设置容易混淆的类似问题让学生来探究是剖析错因的一个有力手段。

总之，探究活动可以出现在高中数学的各种课型中，也可以出现在一节数学课的诸多环节之中，探究活动的开展，要求教师有目标意识、问题意识和让位意识等，探究活动能够把学生推到解决问题的前台，充分发挥学生的主体作用，是培养学生解题能力的主要途径，所以，问题探究应成为高中数学课堂教学的主旋律。

第五章　高中数学教学与信息技术整合的教学实践

　　高中数学教学是以数学学习论、数学教学理论为基础，运用系统方法分析高中数学教学问题，确定高中数学教学目标，设计解决高中数学教学问题的策略与试行方案，评价试行结果和修改方案的过程。高中数学教师要教好高中数学，必须对高中数学教学有正确的认识和正确的指导思想。它决定着高中数学教师的价值取向，影响着教师对教学目标、教学原则和教学过程的认识，制约着他们对教学模式策略的选择。

　　传统高中数学教学中教师的教学设计，是上课前所进行的一系列课前准备活动，即备课。备课往往是从教师的主观愿望出发，重教轻学，只涉及教法而忽视学法课堂。教师在讲授过程中也不能提供实际教学情境，从而使学习者对知识的意义建构产生困难。学校以往也是采取备课的方式，从而导致高中数学教学的科学性、合理性和有效性较低。

　　信息化时代，培养学生自学能力比教现成的高中数学知识更重要。信息技术与高中数学课程整合就是要构建适合我国社会文化背景和教育教学实际的高中数学教学理论并将其应用于高中数学教学实践中，以推动我国高中数学教育信息化的进程，是摆在广大高中数学教育工作者面前的重要任务。信息化环境下的高中数学教学，要求运用当前教学理论，把现代信息技术作为促进学生自主学习的认知工具、情感激励工具以及丰富教学环境的创设工具，并将这些工具全面地应用到高中数学教学过程中，从而优化高中数学教学。

　　学校在数学教学过程中，不仅要从传统高中数学教学中汲取营养，更要顺应信息化时代的浪潮，促进信息技术与高中数学课程优化整合，培养全面发展的高素质人才。

第一节　信息技术环境下的数学教学模式

一、核心概念界定

（一）数学教学

数学是研究客观世界数量关系和空间形式的科学。数学教学简单地说就是教师教数学，学生学数学的统一活动。数学教师借助教科书、直观教具、信息技术等辅助手段，加强对学生的管理，让学生获得一定的数学知识、技能及抽象概括的能力，形成数学的思想与创造精神，使学生的心智健康地发展。"教学"一词并不是"教"与"学"的简单相加，教学活动是教与学在时间和空间上相互交织、融入的过程，教的活动与学的活动达到有机交融的状态才是教学活动的最好状态。

（二）信息技术

信息技术是指信息产生、加工、传递、利用的方法和技术，以计算机为核心的信息技术主要是指多媒体计算机、教师网络、校园网和互联网等，最普遍的说法是多媒体计算机与网络，其实我们更应关注的是软件技术。

（三）信息技术与数学课程的整合

信息技术与数学课程的整合，是根据数学学科的特点，探索如何逐步把信息技术有效地融合到数学教学中，即在信息技术支持的背景下重新审视数学教学的内容、教学方法和学生的学习方法，挖掘信息技术在数学教学中的潜力，实现数学教学的最优化（整合的目标），在信息技术与高中数学课程整合中应发挥以下作用。

1.增强学生对数学学习内容的认知

数学学科的最大优点是集严密性、逻辑性和应用性于一身，数学学科中有许多学生不易理解的抽象的数学概念，导致学生无兴趣点，使得数学被公认为"难学"。因此，在数学教学中引入信息技术应力求增强学生对抽象的数学概念和严谨的数学证明的有效认知。在数学课上，使用信息技术不能只追求表面的生动、界面的漂亮，应该注重启发性，让学生有思考的欲望。过去单凭教师的"说"，学生对有些内容仍然难以理解，利用信息技术手段能帮助教师"讲话"，将抽象与直观有机结合起来，情况就大不相同了。

2. 教师教学与信息技术优势互补

信息技术的应用与数学教师教学是信息技术与数学课程整合的关键性问题。教育的发展需要技术，数学教育的发展更需要信息技术，但任何先进的技术都不能取代教师的作用，教师在教学中的主导作用是不可动摇的，否则教学也就不复存在了。然而，采取优势互补的教学策略，既能最大限度地发挥信息技术的优势，又能最大限度地发挥教师的主导作用，把两者完美地结合起来，数学教学就会有长远的发展。

3. 借信息技术弥补传统教学手段的缺陷

传统的教学手段已经跟不上教育发展的节奏，传统教学存在着许多缺陷，将信息技术与教学模式相结合，能更好地弥补传统教学手段的缺陷。信息技术强大的数据处理和图形处理能力对传统教学在轨迹的形成过程、测量以及精确性、动态表现等方面的限制能起到最大限度的弥补作用，对数学教学有很大的价值。面对信息技术的先进化，教师要合理地利用起来，开发全新的教学设计，对于怎样用、用多少信息技术要做到合理的安排，但是要注意，并非所有的数学教学都能完全适用于传统教学模式，有些内容还是需要教师的"黑板＋粉笔"，教师要善于思考如何使用、如何教学、如何能够将数学知识更好地传授给学生，让学生爱上数学课堂。

4. 让学生积极参与到数学中来

改变学生获得数学知识的方法是信息技术与数学学科整合的重点。教师要明确自己只是课程中的主导者，并不是课程的主体，学生才是课程的主体，是学习知识的主动建构者。因而，在数学教学中，教师要尊重学生的主体地位，发挥学生的主体性，让学生参与到数学教学活动中来，为学生提供一个能主动交流的学习环境，调动学生的积极性，促进学生对数学知识的认知。教师在教学中营造的数学教学环境是能为学生提供更广阔的教学空间，能培养学生的主动性和创新能力，让学生多动手、多动脑，加强对学生的管理，这样才能增强学生学习数学的兴趣和信心。

（四）数学教学模式概念

数学教学模式是指在一定教育思想、教学理论和学习理论指导下，在某种教学环境和资源的支持下，教与学活动中各要素之间稳定的关系和活动进程的结构形式。

（五）信息技术环境下的教学模式

以多媒体和网络为代表的信息技术能够提供界面友好、形象直观的交互式学习环境和图文并茂的多种感官综合刺激，还能按超文本、超级链接方式组织管理学科知识和各种教学信息，因而有利于激发学生的学习兴趣，激发学生进行绘画、合作学习的欲望，有利于学生创设情境，获取大量知识。

二、信息技术下的数学教学模式

（一）讲授型模式

1.讲授型模式概述

讲授型模式是在课堂教学中，教师利用自制或购买的数学课件，或是利用适当的信息技术资源（网上资源库）来辅助数学教学。讲授型模式是信息技术用于数学教学的最初表现形式，该模式是针对传统课堂教学中的缺陷而提出的。在教学过程中，教师把难以用语言讲解清楚的内容（代数中的一些抽象概念等）或学生现在欠缺的又接近真实经验的情境内容（解析几何中的数形之间的关系等），借助信息技术演示，可以化抽象为形象，化静态为动态，为学生提供生动、具体的教学，使学生易于感知和想象以及加深对教学内容的理解和掌握，从而有效地突破教学重点、难点。

该模式中涉及的因素主要有教师、教学内容、学生、教学媒体等。

讲授式模式的设计基础主要是行为主义理论，在教学活动中以教师的教学为主，在教学实施前，教师要对教学过程进行全面的教学设计。教师在进行设计教学时需要分析学生的特征，分析教学内容，选择合适的教学媒体，制定教学策略和教学评价。以计算机为核心的多媒体技术在教学过程中的作用是配合教师进行教学，在教学中，教师要决定好在何时以及如何应用信息技术。这种教学方式与传统教学方式的相同点在于，教师在整个教学过程中仍起着主导作用，控制着整个课堂教学，保证讲授知识的系统性、连贯性和流畅性。与传统教学方式不同之处在于，讲授式模式利用多媒体技术展示一些传统教学手段无法展示的事物的变化过程，形成鲜明、逼真的动态效果，调动学生的学习兴趣。

2.讲授式模式的实施步骤

（1）教学设计

该阶段要做的就是对学生的特征和需要、教学目标、教学内容、教学方法、教学媒体、教学策略的选择与运用、教学评价设计等方面进行分析与设计。

（2）复习提问

回顾与新课内容有关的旧知识，一方面起到复习巩固的作用，另一方面为学生接受新知识打下基础。

（3）导入新课引导学生进入新知识学习的状态中

导入新课应遵循目的明确、短小精练、别致新颖、因课制宜的原则。

（4）讲解新课

结合教学内容，简单应用信息技术手段来解决重点、难点问题。

（5）课堂练习

练习设计应遵循针对性、层次性、整体性、适度性、多样性的原则。

（6）小结评价

小结评价应遵循概括性、简约性、启发性的原则。

3.分析讲授式模式的特征

讲授式模式适用于难以观察、测量和抽象的数学概念以及定理的教学，如二面角的平面角、轴对称、三角函数、曲线与直线的位置关系等，要求教师熟练掌握数学教学软件的应用，例如几何画板等。

信息技术主要是课堂教学的演示工具。教师将现成的教学软件或多媒体素材库中的内容应用于教学中，在一定意义上代替了板书，有效地利用了课堂教学实践，或者教师利用多媒体制作工具（如几何画板等）和各种素材来自己制作多媒体课件，形象地演示教学中某些抽象的内容，或用图表、动画等展示点和线的动态变化过程等。教师通过合理的设计与选择，有效地引起了学生的注意，激发了学生学习数学的兴趣。

同时，讲授式模式也存在着一定的局限性。它仍然是封闭式的、以教师为中心的模式，教师在教学思想、模式上没有根本性的突破，学生依旧是外部刺激的被动接受者是这个模式的最大缺陷。讲授式模式过分依赖教师，教师的教学过程和教师自身的信息技术能力都会直接影响课堂教学效果，同时在整个教学过程中，信息仍主要由教师的教学活动传递给学生，反馈信息的传递也是如此。另外，在教学过程中，信息技术作为课堂教学的演示工具，并没有很好地发挥其强大功能。

（二）探索式模式

1.探索式模式概述

探索式模式是指在教学过程中，在教师创设的教学情境下，以学生自主学习和合作讨论为前提，围绕某个数学问题展开探索活动，将自己所学知识应用于解决数学问题的一种教学模式。

探索式模式涉及的因素主要有学生、教师、教学内容、教学媒体和教学环境。在这一模式下，学生是学习的主体，能否发挥他们的积极性和创造性，是教学成败的主要因素。教师不仅是教学过程的设计者、组织者，而且是学生建构新知的指导者、帮助者。教科书呈现的教学内容不仅是教师的讲授内容，还是学生主动构建的对象。信息技术不仅是教师演示信息的工具，还是学生进行认知的工具，它能用来创设情境、组织学生思考、协作与交流。

2.探索式模式的实施步骤和实施过程

（1）实施步骤

探索式模式的实施步骤主要有教学分析、目标阐明、情境创设、信息技术选择、学生探索活动设计、协作与交流设计、学习效果评价设计等。

1）教学分析

对教学过程中的各种因素进行分析。在对教学内容分析和学习者分析时，还应充分考虑信息技术对教学内容、方法和教学组织管理的影响。

2）目标阐明

在完成教学内容之时，培养学生的探索能力和创新精神。

3）情境创设

利用网络资源和信息技术手段创设一个与学习主题相关的课堂学习情境。

4）信息技术选择

根据教学内容的特点和学生的实际情况，选择合适的信息技术作为学生探索和思考的工具，可以是课件、数学教学软件等。

5）学生探索活动设计

在学习过程中要充分利用信息技术的优势引导学生的探索活动，以锻炼学生的探索能力和思维能力。

6）协作与交流设计

让学生在社交软件上自由讨论探索的结果，让更多的学生参与到教学活动中来，以及教师始终保持对整个教学过程的指导。

7）学习效果评价设计

学习效果评价设计包括学生的自我评价、学习小组互评和教师评价等，评价内容可以涉及探索结果、写作程度、信息素养、创新程度等。

（2）实施过程

一是创设问题情境。在教学活动一开始就创设能吸引学生的注意力、调动学生的兴趣和积极性的情境，能形成良好的课堂教学氛围。

二是提出问题。在创设情境中教师引导学生逐步向问题靠近，当学生思路出现偏向时，能及时地进行引导但不能强制扼杀。

三是分析问题。在这一阶段，学生需要借助信息技术手段，例如学生利用计算机的数学软件进行动手操作，通过多种角度、利用多种方法来思考问题，还可以上教育网站、用搜索引擎等。教师在这一阶段的任务是加强对学生探索学习的引导，并给予学生适当的帮助与提示。

四是解决问题。学生将探索结果在校园网上进行交流，大家资源共享，共同探讨解决问题，同时教师对学生的解题思路进行规范性引导。

五是评价探索结果。评价过程要采用信息化教学评价。信息化教学评价是指根据信息化教学理念（目标、人才观、教学模式等），运用系列评价技术手段对信息化教学效果进行评价的活动，其评价工具包括量规、范例展示、电子学档、概念图、评估表等。

3.探索式模式的特征分析

探索式模式适用于一些与日常生活有关的数学知识以及较为复杂的基于思维的数学知识的教学，如指数和对数函数、二次曲线的图像与性质、人口问题等。信息技术的理想要求是配有多媒体投影设备、网络环境、计算器、几何画板等数学探索工具，要求教师和学生熟练使用 Word、计算机、几何画板、Excel 探索工具等。

在探索式模式中，教师创设教学情境不仅有利于引导学生进行正确观察，培养他们的观察方法和观察能力，而且学生在这种丰富、逼真的感性材料面前，容易引发联想和想象，对培养学生的形象、发散、直觉和创造性思维以及创新意识有着重要的作用，同时也为学生提供了资源收集与查询的工具，培养了学生的数学兴趣，激发了学生的数学学习积极性，让学生主动地参与到数学中来，从而发挥了学生的主体作用。

探索式模式的特征阐述如下：

（1）强调自主参与

在这个探索式模式中，学生的个性得到了发挥。每个学生都可以提出自己的问题，自主地选择探索方法，整理探索结果。

（2）重视合作交流

在探索式模式中，学生可以自由组成学习小组，相互合作，共享资源，共同解决数学问题。在探索式模式下，师生之间的协作关系，使得信息的传输由单向变成双向，实现了教学活动的互助。

（3）以建构为导向

教师通过使用信息技术为学生提供情境、写作、会话等学习环境，从而使学生能自主地获取、分析、加工信息，最终促使学生从自身情况出发，建构新的数学知识、学习方法和学习习惯。

信息技术是集演示、提供资源、交流等多种功能于一身的，而且整个教学中教师与学生之间是一种互助关系，学生是学习的主体，能主动获取知识并从中提高学习能力。教师要充分利用好信息技术，使其在教学中发挥优势。

第二节　信息技术在高中数学教学中有效应用的原则

以多媒体技术和网络技术为核心的信息技术，正在以排山倒海之势冲击着整个教育界，这不仅是教学方法与手段的一次变革，它对教育观念、教育思想、教育内容、教育理论及教育模式都将引起更深层次的变革，信息技术与学科的整合成为教学改革的一个突破口。

"大力推进信息技术在教学过程中的普遍应用，促进信息技术与学科课程的整合，逐步促进教学内容的呈现方式、学生的学习方式、教师的教学方式和师生互动方式的变革，充分发挥信息技术的优势，为学生的学习和发展提供良好的教育环境和有力的学习工具。"这是我国基础教育课程改革的基本要求。

如何适应教育环境的这种深刻变化，如何最有效地使用信息技术提高教学质量，研究信息技术与学科教学的整合问题，已经成为广大教育工作者迫切研究的问题。

由于数学学科其自身的特点，似乎就决定了其枯燥性和单调性。而随着教育教学改革的不断深入，特别是《普通高中数学课程标准（2017年版2020年修订）》的实施，对数学课堂教学提出了新的要求，所以我们必须努力改进教学手段和教学方法。站在教学第一线的数学教师，完全有必要对教学过程进行重新认识。

信息技术手段介入数学教学之后，给教师创造性的教学提供了新的发展空间，对丰富和改进学生学习方式提供了技术支持和可行平台。教师运用现代信息技术对教学活动进行创造性设计，发挥计算机辅助教学的特有功能，把信息技术和数学教学的学科特点结合起来，可以使教学的表现形式更加形象化、多样化、视觉化，有利于充分揭示数学概念的形成与发展、数学思维的过程和实质，展示数学思维的形成过程，使数学课堂教学取得事半功倍的效果。

信息技术辅助数学教学过程主要包括四个要素：教师、学生、教材和多媒体。四要素相互联系、相互制约，形成了一个有机的整体。为达到令人满意的教学效果，必须正确处理四个要素之间的关系。根据皮亚杰的建构主义学习理论，教师是教学过程中的组织者、指导者和知识意义建构的帮助者、促进者，而不是主动施教的知识灌输者；学生是知识意义的主动建构者，而不是外界刺激的被动接受者、知识灌输的对象；教材中所提供的知识是学生主动建构的对象，而不是教师向学生灌输的内容；多媒体是创设学习的情境和让学生主动学习、协作、探索和完成知识意义建构的认知工具，而不是教师向学生灌输知识所使用的手段和方法。只有处理好这四个要素之间的关系，才能正确定位信息技术在高中数学教学中的地位和作用。由此看来，信息技术在数学课堂教学中的应用还应遵循一定的原则。

多年来，数学教师结合信息技术与课堂教学整合的实践，通过研究归纳总结出信息技术在高中数学教学中有效应用所应遵循的基本原则，具体如下。

一、遵循"有利于激发学生的学习兴趣"的原则

"兴趣是最好的老师"，有良好的兴趣就有良好的学习动机，但不是每个学生都具有良好的学习数学的兴趣。"好奇"是学生的天性，他们对新颖的事物、知道而没有见过的事物都感兴趣，要激发学生学习数学的积极性，就必须满足他们的这些需求。而传统的教学和现在的许多教学都是严格按照教学大纲，把学生封闭在枯燥的教材和单调的课堂内，使他们与其他丰富的资源完全隔离，致使学生学习数学的兴趣日益衰减。因此，在数学教学中，教师可以有意识地利用信息技术创设问题情境，让学生在一定的情境之中更充分地调动各种感知器官，去感受知识，使学生的学习兴趣得以提高。

二、遵循"有利于帮助学生进行探索和发现"的原则

数学教学的过程事实上就是学生在教师的引导下，对数学问题的解决方法进行探索、研究的过程，继而再对其进行延拓、创新的过程。信息技术的融入使教学模式从以教师讲授为主转为以学生自主动脑、动手研究为主。如果把数学课堂转为"数学实验课"，学生通过自己的活动得出结论，会收到事半功倍的效果。

因此，教师在教学活动中创设合理的情境就是组织课堂教学的核心。现代信息技术（如数学教学软件等）的应用为我们提供了强大的情境资源。通过信息技术创设情境所产生的作用是传统教学手段无法比拟的。

教师在讲这节课时，安排学生到机房进行上机操作。先指导学生利用"几何画板"亲自动手绘制任一指数函数的图像，再让学生自由选择取值，并在同一坐标系内作图像。在此过程中，学生可清楚地看到底数如何影响并决定着函数的性质。学生可以清楚地看到函数图像中的分界线，这样呈现内容，对学生发现和熟悉"为什么以其为分界点""过点为什么要作为性质之一"等问题的解决，营造了很好的环境，使教学的开放性、探索式学习等成为可能。

综上所述，信息技术的使用调动了学生学习的积极性、创造性，改进了学生的学习方式，促进了他们主动地学习和发展。

三、遵循"有利于帮助学生理解所学知识点"的原则

信息技术可以拓展学生的思维，帮助学生更高效地进行学习。它能够展示知识的形成发展过程，能够化抽象为具体、化静为动。学生可以达到传统途径下无法实现的领悟层次，不仅使学生的逻辑思维能力、空间想象能力得到更好的训练，而且有效地培养了学生的发散思维和直觉思维。

四、遵循"有利于帮助学生获取知识和经验"的原则

"数学是思维的体操"，数学有助于培养学生的思维能力和创新能力，而且是其他学科无法比拟的，如对学生的空间想象能力、抽象能力、概括能力和推理论证能力的培养等。但培养这些能力必须以一定的数学知识和数学模型为载体，通过对它们的研究起到举一反三、触类旁通的作用，而信息技术又可以简单地将研究过程中碰到的难以呈现的内容形象地、具体地展现在学生眼前，从而收到更好的学习效果。

（一）信息技术在立体几何中的应用

立体几何的最终教学目标是发展学生的空间想象能力，培养学生的空间观念。而空间想象能力的本质所在就是使学生在脱离了几何图形和实物模型之后，仍能借助其表面现象来分析问题、解决问题，进而提高学生关于几何图形的抽象思维能力。因此，计算机相关软件还应当发挥自己的独特优势，利用各种信息技术，逐渐提高学生的抽象思维，使学生能够借助原有的几何图像和图形的表面现象，用几何体的立体形态处理问题。

多媒体课件中的图形首先由多变少，由动逐渐变静，然后颜色逐渐由鲜艳变为单一，最后图像和图形渐渐地由清晰变为模糊，直至消失。其中，数学符号和公式的演算将慢慢地取代几何图形的操作，这样立体的图形消失了，由此建立起来的框架留在了学生的大脑中，学生习惯的直观思维，慢慢地过渡到了抽象思维。教师利用这种方法尝试了平行六面体的教学，结果，大多数的学生不但能将空间平行六面体的几何图形掌握得很扎实，而且能记住平行六面体不同位置的截面图形和性质，在遇到与平行六面体相似的问题的时候，能轻松地提取记忆中的相关知识来分析和解决问题。

另外，在立体几何教学过程中，引入信息技术，用多媒体辅助教学，将图形动起来，可以使图形中各元素之间的位置关系和度量关系惟妙惟肖，使学生从各个不同角度去观察图形，在头脑中对图形有了深刻印象，从而培养他们的想象力和创造力，课堂效率也将大大提高。当然，制作的课件要实用，不能一味地增加感官刺激，使得课堂上热热闹闹，课后学生的脑袋一片空白。

（二）信息技术在解析几何中的应用

在解析几何中，圆锥曲线及常见图形在数学和其他科学技术领域中都有极广的应用，那怎样的曲线是圆锥曲线？古希腊的几何学家用平面去截一个圆锥面，当平面与圆锥面的轴线所成角发生变化时，就能获得不同的截线，即椭圆、抛物线、双曲线。在引入圆锥曲线概念时，为让学生更清楚地看清圆锥曲线的区别和联系，教师用flash动画演示，让平面与圆锥面的轴线所成角发生变化，让学生观察所截曲线的形状的变化，进而使学生得出"在每个取值范围内所得的曲线是何种曲线"的结论。借助多媒体手段，使学生对圆锥曲线的形状及性质有了更深的理解，比传统教学中让学生死记硬背圆锥曲线的形状及性质的效果要好得多。而在椭圆定义时，在平面上取两点 F_1 和 F_2，把一条长度为定值且大于 F_1 和 F_2 的距离的细线两端固定在 F_1、F_2 两点，用笔尖把细线拉紧，并使笔尖在平面内慢慢移动，用动画演示整个过程，使学生清楚地看到一个椭圆形成的过程，由此得出椭圆定义。双曲线的定义、抛物线定义也可用类似的方法得出，此过程还可由学生操作，以提高他们对这部分知识学习的兴趣，使他们对圆锥曲线的定义及性质了如指掌。

由此可见，展示几何图形变形与运动的整体过程，在解析几何的教学中是非常重要的，这样信息技术在解析几何教学中，充分显示了它的优越性，因为它能做出各种形式的方程曲线，能对动态的对象进行"追踪"并显示该对象的轨迹，能通过拖动某一点或线，观察整个图形的变化来研究两个或两个以上曲线的位置关系。总之在解析几何的教学中，恰当运用信息技术可大大提高课堂效率。

（三）信息技术让函数真的"运动变化"

函数是高中数学中最基本最重要的概念，它的概念和思维方法渗透在高中数学的各个部分，同时函数是运动变化的，是对现实世界数量关系的一种刻画，这又决定了它是对学生进行素质教育的重要材料。

五、遵循"有利于教师合理实施教学过程"的原则

高中数学教师应该根据数学这一学科的特点、课堂内容，综合运用多种教学手段、多种媒体技术及新颖的上课方式等来实施教学过程。

（一）合理使用信息技术

媒体出示的时机要恰当，信息采集的空间要合理。太早或滞后应用课件，都会冲淡课堂教学气氛，影响教学秩序和教学效果，打乱学生思路，不利于学生的课堂学习。多媒体在课堂上的运用，确实能使知识由抽象变直观，使上课氛围变得更加生动。但我们也不能过分依赖媒体，比如教学中过分强化声音、图像等媒体的作用，有可能忽视学生的个性发展，使学生的思维力、想象力受到压抑，又比如数学课上教师往往用幻灯片将解题过程一下从投影仪放出来，代替了粉笔的书写过程。殊不知，传统书写过程中，教师可以边写边讲，学生也可以根据书写的进度去展开想象，所以，在现在的这种做法下，学生根本就没有思考的时间，学生的思维往往滞后于教师的板书过程，这就不利于学生抽象思维的发展。

（二）采用网络优势，合理采取多向互动式的教学组织形式

所谓多向互动，是指生生之间、师生之间的互动，而网络在这方面具有明显的优势。教师在课前可通过聊天程序等途径了解学生的学习情况，同时给学生布置课前作业，将电子教案传送给学生，使学生对本堂课要讲授的课程有一个预先了解。在网络课上，教师可以将部分课堂任务用电子邮件发布，学生用在线聊天进行课堂交流，学生以电子邮件的形式提交课堂作业。由于网络有先进的实时交流技术，它为各个使用者提供了一个平等交流的机会。网络教学使交互式学习成为可能，为他们创设了一种相互交流、信息共享、合作学习的环境。网络教学

使师生之间在教学中以一种交互的方式呈现信息，学生在网络中不仅接受，同时也在表达，教师可以根据学生反馈的情况调整教学。学生可以与教师发生交互作用，向其提出问题、请求指导，并且发表自己的看法。学生之间也可发生这种交互作用，从而有利于发挥小组学习的作用，进行协同式学习。这种交互式的教学加强了师生间和学生间的交流，对提高教学质量和优化学习效果产生了积极的作用。

但利用网络条件下的交互模式也不是万能的，不可以完全依赖网络。例如，对学生来讲，通过网络来进行交流的交流技术，他们的水平是参差不齐的，特别是对于计算机水平普及不高的地区，师生间通过网络交流或许不那么顺畅，搞不好还会影响教学效率。还比如，一些数学公式、定理的推导过程是与教师的讲授分不开的，而网络是不能取得这种声情并茂的效果的，现阶段的交流技术对这些信息的传输也是力不从心的。此外，网络教学的课堂教学秩序是难以解决的问题。

所以，在运用信息技术教学手段时，传统教学中的情感交流和师生对话务必要坚持。课堂教学是一个多变的活动，在传统教学的讲解活动中，教师的手势、启发、提问、语调、表情等都在向学生传递着各种信息，通过听、看、学、想、问、答等形式，学生和教师进行知识和情感的交流，这其中有许多是计算机根本无法实现的，也无法替代的。因此，在运用计算机辅助教学时，固有的师生交流方式也应强化和坚持，不可以被多媒体教学取代。

总之，无论是在信息技术的使用方面，还是在教学的组织形式方面，都要合理。

六、遵循"有利于转变教师的教育观念，提高教师的业务水平和计算机使用技能"的原则

时代的发展，既要求竞争者提高自身素质，也要求学校教育走在发展的最前端。学校教育的发展方向又要求教师更新教学手段，教学手段的更新主要受教育观念的支配，所以我们首先要转变教育观念，真正把信息技术运用到教学中来，把信息技术作为辅助教学的工具，充分发挥信息技术在学生自主学习、主动探索、合作交流等方面的优势，实现教师角色的转变。信息技术在数学教学中的作用不可低估，它在辅助学生认知功能上要胜过以往的任何技术手段，尽管如此，但是我们并不能因此用它来取代教师在教学活动中的地位。客观合理地将多媒体信息

技术用于课堂教学，积极探索多媒体信息技术与课堂教学的整合方法，才是现代教师在教学活动中应该转变的观念。

　　教师在备课的过程中，需要查阅大量的相关资料，但庞大的书库也只有有限的资源，况且教师还要一本一本地找，一页一页地翻，这个过程耗费了教师大量的时间。互联网为教师提供了无穷无尽的教学资源，为广大教师开展教学活动开辟了一条捷径，只要在地址栏中输入网址，就可以在很短的时间内通过下载获取自己所需要的资料，大大节省了教师的备课时间。

　　随着计算机软件技术的飞速发展，大量的练习型软件和计算机辅助测验软件的出现，让学生在练习和测验中巩固、熟练所学的知识，找到下一步学习的方向，实现了个别辅导式教学。在此层次上，计算机软件实现了教师职能的部分代替，如出题、评定等，减轻了教师的负担。因此，教学的发生对技术有较强的依赖性，而作为教学辅助工具的信息技术的功能就体现出来了。

　　远程教育网校的建立，给教育工作者创建了一个庞大的交流空间，各地各级的优秀教师云集在这个空间中，他们为工作在教学第一线的教师提供了取之不尽、用之不竭的教学资源。通过网络交流，教师可以学习先进的教学思想、教学理念、教学方法。实践证明，经常将信息技术用于课堂教学的教师，他们的教学思想、教学理念、教学方法总是走在最前列的。另外，教师要想在教学过程中熟练应用信息技术和计算机辅助教学软件就需要有相当的计算机使用技能，计算机使用技能的高低是评价新一代个人文化素质的标准。计算机信息技术的飞速发展对每个人都提出了新的要求，作为教师，更应该积极地推动计算机信息技术的发展，将信息技术用于教学课堂。

　　总的来说，信息技术的使用只是教学的手段之一，并不是教学的目的，教学目的是更好地使学生理解数学的本质。信息技术与高中数学教学整合必须落实素质教育、创新教育理念，必须适应以学生为中心的教学模式，以上原则充分反映了这一要求，我们要在运用各种教学模式进行实际教学时把握和贯彻好这些原则。合理地使用信息技术确实能大大提高课堂的效率，所以我们要在今后的教学中不断地实践，不断地积累经验，掌握信息技术应用的方法，把握信息技术应用的原则，真正实现教师在教学中角色的转变，充分调动学生的积极性，使学生成为知识的发现者，努力做到信息技术与数学教学的有效整合，达到信息技术在高中数学教学中有效运用的最高境界。

第三节 信息技术在高中数学教学中有效应用的实现途径

一、更新教育观念，提高教师信息素养

信息技术在高中数学中的应用，首先要求广大教师在观念上能予以接受，在观念上的接受并不是仅仅依靠专家理论层面的宣传培训和教育部门领导的要求，只有让教师多次感受信息技术在教学应用中的优点，才能从内心接纳，从而达到真正意义上的观念更新。其主要的手段是依靠学习先进的信息技术成果，比如借鉴信息技术应用较好的教师和专家的教学成果展示，以达到更新观念的目的。

因此，教师教育技术的水平会直接影响应用的效果，此时，提高教师的信息技术水平就成了当务之急。除了教师自身学习之外，建议学校和其他教育部门多组织一下教育软件方面的开发，另外，还要在网络技术的应用方面，如数学资源的获取和建设、电子公告板（BBS）的使用等方面予以培训，让教师能通过网络方便地获取资源、交流信息和教学心得。

二、结合数学的学科特点，不断提升学生的"数学化"能力

传统的数学教学强调学生对知识点的掌握，强调以数学基本概念、原理为骨架的知识体系的构建，追求绝对的逻辑化、形式化，往往以培养解题能力为主要的基本能力，也就是强调传统观念下的"双基"，很少站在数学思想、数学文化和数学审美这一层面上，充分体现和展示数学课程对人的品性和人格养成方面的育人功能。

我们说，数学教育的目标是将数学能力迁移并泛化，是追求数学组织客观世界即"数学化"的过程。

信息技术可把数学知识的产生、形成和发展的过程充分展示给学生，具体来讲，从常量到变量的过渡问题、从静态到动态的过渡问题、从平面图形向空间图形的过渡问题、逻辑思维与形象思维的结合问题、数形结合教学等，都可以利用信息技术去解决，使学生从"听"数学变为教师指导下"做"数学，突出他们的主体地位，变被动学习为主动学习。

三、合理运用信息技术，尝试多种教与学方法的优化组合变革

当前数学学科教育改革的核心是学生数学学习方式的变革，是变被动接受的学习为主动参与的学习的过程，让学生在一种体现数学发现与证明过程的环境中接受挑战性的学习任务，进行试验、研究和发现。在这一过程中，尝试多种教与学方法的优化组合显得尤为重要。

具体要求：根据教学内容的性质和特点来选择合适的技术手段和表现形式，不能只为了照顾信息化教学的特点而忽略了数学的严谨性；尽量与传统教学相结合，提倡现代教育技术，绝不是要否定传统教学技术。各种教学手段都具有各自的特点和独特的功能，在教学中相互补充、取长补短，只有将现代教育技术与其他教学手段结合起来才能获得更好的教学效果。

四、发挥群体研发功能，大面积提高信息技术的应用水平

在教学信息化过程中，我们发现信息技术在数学教学中的应用普遍缺乏教师群体的共同参与，更多的是教师个人的"单打独斗"。因此，在集体教研活动中，我们提倡广大教师要共同参与探讨，从各种视角，以各种方式深入探讨研究，比如计算器、计算机、网络等。首先考虑对于学生掌握基础知识、形成基本技能、培养数学思维、完善认知结构的影响，哪些信息技术可以（还是必须）进入高中数学课堂；其次是由于相关信息技术对数学教学内容的影响，函数、几何、向量、微积分、逻辑等教材内容如何在教学中进行再创造和再加工。教师的群体参与，对提高信息技术的应用水平是很有好处的。

对教学案例进行反思和研讨，也是发挥群体研究功能的重要方式。教师在信息技术应用之前，明确教育技术的目的，根据教学内容和学生的认知水平，采用相应的技术手段，在教学中，教师能及时反思应用中的经验，并根据情况及时采取措施予以调整，在另外的班级中再次予以应用。然后再次反思，有可能的话做一个记录，这种以教学案例为载体的教师行动研究非常值得提倡，从中可以较好地进行信息技术的应用效果研究。

五、从多媒体教室向教学资源室和教学实验室过渡

现代教学理论提倡个别化的学习，在高中数学教学中要做到这点却相当困难。现在很多学校是为了上信息技术课或一些公开课和评比课才使用多媒体教室，其实并不重视软件资源的建设，在资源上存在较大的浪费。我们可以将多媒体教室

的功能做一些改变，主要是添加一些教学资源，在数学方面可以增加一些数学学习软件、教师的教案、数学教学素材（如成品和半成品的"几何画板"课件），链接一些优秀的数学资源网站、数学个别化学习网站，使多媒体教室成为教学资源室和教学实验室，让学生利用信息技术主动构建、探索和发现新知识，让信息技术成为学生的认知工具。教师还可以在这里对一些学习比较困难的学生予以集中辅导，实现个别辅导和集体指导相结合。通过这种途径探索新的教学模式，以及利用智能软件进行个性化学习模式。另外还有相当多的学校校园局域网形同虚设，可以予以充分利用，如利用网络 BBS 的在线研讨功能进行教师之间、师生之间的教学交流、课件资源共享。总之，重视教学软资源建设，可以大大增强信息技术的功效。

六、从集中走向分散，真正让计算机和网络进入每个教室

目前的确有许多学校已经让计算机和多媒体投影进入课堂，但是其作用绝大部分是用于演示，平时学生是"碰"不得的。要让学生真正地应用信息技术进行学习，其中很重要的一条是要让学生使用信息技术，这在时空上有较大的困难。如果每个教师能拥有 1～2 台计算机，并接入校园网和互联网，让学生在课余时间使用，给学生应用信息技术留出时间和空间，在日常的学习中受到信息技术的熏陶，这种方式所达到的效果是无法估量的，而且计算机进入教室，符合现代学习理论。建构主义教学与学习理论认为学习不是一个灌输过程，而是让学生自己去探索、建构知识的过程，过去受各种因素的影响无法做到，而现在我们的课堂都可以让学生进行建构式的学习，这也是一种崭新的尝试，是数学课堂教学模式多样化的一种表现。

七、建立科学合理的评价机制，促进评价的多元化

目前，数学信息化教学的评价体系还不健全，不恰当的评价体系往往会引发功利行为。有的学校把是否应用现代教育技术手段作为评价一堂课质量高低的主要依据；而有的学校则彻底否定信息技术的应用，而将考试成绩作为唯一的标准。传统教学和现代教学的本质区别是把以教师为中心的学转变为以学生为中心的学，把以教师为主体的教学实践过程变成以学生为主体的自主学习过程。

第四节　高中数学教学与信息技术整合的教学实践

多媒体信息技术仅仅是课堂教学的一个辅助工具。教学活动过程的核心是师生之间情感互动交流的过程，在这个过程中信息技术教育是无法取代的。在师生互动的教与学的过程中，信息技术已经成为产生数学问题、促进学生思维扩散的路标。不过，我们不能盲目地使用信息技术。

一、正确使用多媒体信息技术

（一）避免把投影屏幕当成黑板

在课堂上，教师应随时根据教学进展来创设情境，引导学生进行思考，从而达到运用所学知识的目的。优秀的板书不仅精练，教师还可以根据学生提出的问题随时进行调整、修改板书内容。如果用投影屏幕完全代替黑板，就会影响学生视觉感知的一贯性，使学生对整节课的教材重点、难点的把握受到影响。屏幕上的内容切换较快，影响了学生领会定理、公式的推导过程，以及对问题的逻辑思维推理能力的培养。这不仅影响学生的思维训练，而且影响课堂笔记的形成（课堂上记笔记是很重要的，也是很有必要的）。实验证明，课堂上记笔记的学生回想讲过的内容的概率是不记笔记的 7 倍。所以，完全用屏幕代替黑板，也会影响多媒体在教学辅助方面优势的发挥。

（二）避免只重视多媒体形式而忽视教师教学风格

一些教师在注重多媒体所带来的优越性的同时，却忽视了自己多年来形成的鲜明的教学风格。其实，传统的教学手段中存在的许多特色功能是多媒体无法完全取代的，如实物、简笔画、一个眼神、一个手势等在课堂教学中的功能都是多媒体不可替代的。但是对于多媒体课件教师必须亲自创作，把自身的教学风格融入课件中，体现自己的教育思想，使学生更易于接受。而不能因为使用多媒体，把本来简明的东西搞得"枝叶"繁杂，使学生如雾里看花一般，从而违背了多媒体辅助教学"辅助"的本意，弱化了教师在课堂教学中的主导作用。所以，教师不应一味地赶潮流，而应根据教学需要选择合适的媒体和手段，合理地使用多媒体与常规媒体手段，发挥它们各自的长处。

（三）注重"以人为本"，发挥学生的主体性

计算机多媒体辅助教学系统的使用，为我们创造良好的教学条件提供了极大的便利。然而，用多媒体展示知识背景、知识点，进行辅助练习，只是把教学内容展示给学生，它无法取代学生在教师创设的情境中思考问题，更无法取代学生的思维训练。所以，我们在制作和使用多媒体课件时，应当以促进学生动脑动手、积极参与为着眼点，充分体现学生的主动性，培养学生的创造性，多为学生创造思考的空间，善于通过多媒体信息技术引导学生思考、讨论、回答问题。

二、多媒体技术的使用使数学学习充满乐趣

（一）高中数学教学与信息技术整合使课堂更开放

在一节课中，设计数学实验，让学生自主探索"过一定点的直线与双曲线的交点个数"，从而总结任意直线与双曲线的位置关系。在实验过程中，学生可以移动定点到任何位置，教师对于类型的种数事先并不知道，由学生自主探索，这样的研究过程已经具有开放性。但是学生毕竟是在教师设计的研究方案下进行研究，假如数学实验的方案由学生设计好，并制作成课件，那么研究也就更具有开放性，也全面地锻炼了学生的各种潜在能力，使探索过程更接近于数学家研究数学的过程。当然，这需要教师和学生具备更强的信息技术能力。

（二）高中数学教学与信息技术整合使难点的突破更有方向性

在探索过一定点的直线与双曲线的交点个数情况时，学生先找到其中的三种类型，而定点在双曲线的渐近线上的两种类型是本节课的难点，这两种类型增加了探索的难度，从而提高了学生探索的热情，激发了学生的求知欲。在教师的点拨下，学生猜想验证、合作交流，终于完成了对知识的探索。但是有些教师总感到探索过程较盲目，高中数学教学与信息技术的整合可很好地突破这个问题，使探索更具有方向性。高中数学教学与信息技术的整合还有待于我们在探索和实践中改进。

（三）信息技术不能完全代替"手工操作"

在教师设计的数学实验中，学生自主操作、合作交流地学习新知识，教师基本实现了"无纸化"的教学，这样也会造成学生个别数学技能的缺失，如基本作图技能、计算能力等。因此不能盲目彻底地进行"无纸化"教学，不能用信息技术完全代替"手工操作"。例如已知直线和双曲线的方程，要判断交点个数，也就是说要让学生用笔和纸进行"手工操作"来解决此类问题。

三、信息技术应用于高中数学教学中的优点

（一）利用信息技术，通过做数学实验，综合训练思维能力和培养创新意识

直觉思维、形象思维、逻辑思维是数学学习中必不可少的基本思维模式，在教学过程中让学生通过做数学实验主动发现、主动探索，实现三种思维的结合，不失为一种很好的培养方法。

（二）利用信息技术，让几何体动起来

对于一些数学问题，特别是与图形有关的问题、对动态图形中某些不变量的探索等，利用数学软件展示问题情境，观察图形，分析其中的规律，或通过拖动鼠标跟踪点的轨迹等办法进行研究，可使学生更容易发现解决问题的思路和方法。

（三）利用信息技术，进行自主的探究式学习

在信息技术发展的背景下，以学生为中心进行合作学习，以解决问题、培养能力为中心并且强调终身学习的思想将深入人心。例如，讲解椭圆离心率 e 对椭圆形状的影响时，利用计算机上的"几何画板"来展示这一实验，保持椭圆的长轴不变，在焦距逐渐缩小的过程中，学生立刻能感知离心率 e 对椭圆形状的影响，从而收到由抽象到直观的学习效果。

（四）利用信息技术，可有效地进行课堂分层教学，提高教学效率

怎样促进学生个性发展？分层教学是实现因材施教的好方法，即利用现代信息技术条件的优势，巧妙设计分层教学方案，为不同基础的学生铺设不同幅度的阶梯，让一次次小小的成功，成为增强他们学习信心和奠定他们进步动力的基石，促进学生积极主动发展，从而较大幅度地提高因材施教的效果，使不同层次的学生都达到最大限度的发展。

四、高中数学教学与信息技术整合的反思

在教学实践中，师生共同体验着信息技术应用于数学教学中所带来的新奇和喜悦。但是，无论是在理念层面还是在操作层面，都存在一些问题需要我们认真总结和反思。

（一）从教师角度反思

1. 在多媒体教学模式中，教师观念、角色必须改变

课程标准对数学教学的要求：教师的教学要关注每一名学生的情感、态度、价值观和一般能力的发展，为每个学生的终身可持续发展奠定良好的基础。信息技术带入数学教学，给数学教学带来了勃勃生机，使教师改变"满堂灌""接受式"等旧的教学方法，弥补了传统教学的不足，提高了教学效率，同时也培养了学生运用信息技术解决问题的能力。以信息技术环境和信息化学习资源为依托，以具有深化和扩展学科知识与技能的学习活动为引导，可以全面地改变"教师教，学生学"的方式，高效地达成以学科教学目标和提升信息素养为目的的教学或学习。信息技术与数学教学的整合，是教育面向现代化、面向世界、面向未来的发展趋势，是一种信息时代占主导地位的课程学习方式。

2. 新形式与传统教学优势互补

整合的目的是使学生利用这种整合更好地理解数学的本质，教师不要认为新课改就是上课必须用课件，否则就不是新课改，并不是每节课都要用计算机来教和学，整合后的教学活动不应理解为全堂上机或多媒体演示，要注意书面表达和口头交流，不应忽视阅读、计算和证明，一句话能说明白的，一个教具能演示清楚的不一定非得通过计算机来完成，有时动态的课件并不一定代表动态的课堂。信息技术使得三维直观图在计算机上旋转、平移、分解、组合，这一切看上去很有吸引力，很直观。但是是否能真正培养学生的空间感呢？在实际应用中，如何把握好信息技术的"度"需要教师三思而后行。信息技术与数学教学整合改变了教师的教学方式和学生的学习方式，但教师一定要认识到是有了整合的要求才会有教材结构的变革，而绝不是为了适应教材的改变才产生整合的要求。

教学的目标是要寻找信息技术在数学教学中的最佳切入方式，从而取得最佳的教学效果。作为教师，面对信息技术发展带来的机遇和挑战时，应不断地提高自身的业务素质和信息素养，为迎接新的挑战做好准备。

3. 高中数学教学与信息技术整合要注重突出数学的思维特点

数学具有逻辑的严密性、高度抽象概括的理论，并使用了大量的形式化、符号化语言。信息技术在数学课堂教学的运用过程中一定要紧扣教学目标和教学内容，要根据不同的教学目标和教学内容的特点去选择、运用不同的信息技术，充分发挥其在教学上的优势，不能把数学教学变成计算机多媒体功能的成果展览。比如说，目前一些教师在应用信息技术教学时还是习惯于封闭式的、以知识为中心的课堂整合。这种整合实际上是一种简单地把数学知识与信息技术的组合。常见的形式就是用 PPT 展示教学内容。教学的思路已经固定在事先做好的课件上，留给学生的探究、思索空间几乎为零。表面上应用信息技术实质上等于"黑板搬家"，还是用传统的教学模式讲授，这种组合很显然不利于学生思维能力的发展。所以，真正意义上的整合应该是开放的、教学组织架构的整合。我们是利用信息技术，而不是被信息技术所左右。教学结构如果是教师演示、总结，虽然表面上会比传统教学生动形象有说服力，但是并没有学生亲身参与体验的过程，换句话说就是对学生的思维触动不大，学生仅仅是看到了变化，知道了规律而已，这样的方式也失去了整合的意义。但不容否定的是，信息技术在题目展示、问题背景介绍等方面会比传统教学高效、形象，我们同样要注意，这种展示不能代替思维过程，分析的过程还应该用传统方式展现较好。

因此，在组织实施前教师应对教学内容进行认真筛选，确定哪些教学单元或教学内容可与信息技术进行整合，突出数学的思维特点。

4. 教师要加强自身学习和培训，提高信息素养

教师信息技术应用水平参差不齐，总体水平偏低，目前绝大多数教师已经学习了信息技术的基本操作和一些信息处理软件的使用，如 PowerPoint、Word、Excel 等，但是其信息技术应用水平与高中数学教学和信息技术整合的要求还有一定的距离。但有的教师对"信息技术""整合"等概念的理解往往流于表面，知其然而不知其所以然，他们通常认为，只要在课堂教学过程中使用了计算机、投影仪等与信息技术沾边的仪器就是使用了信息技术，进行了高中数学教学与信息技术的整合，认为高中数学教学与信息技术整合就是"课堂电子化""教案电子化""教材电子化"。殊不知，信息技术是指与获取、传递、再生和利用信息有关的技术，它不同于教育技术、计算机技术，它包含了更为丰富的内涵，它是一门技术、一种手段，更是一种方法和思想，而不仅仅是指计算机、投影仪等仪器的使用。

5. 合理使用信息技术，使之与数学整合最优化

教师在信息技术应用之前，明确教育技术的目的，根据教学内容和学生的认知水平采用相应的技术手段，例如统计案例的教学，教师可以尝试"任务驱动—探索—交流"模式，把统计的方法、统计的思想教给学生后，给学生一个任务作为驱动，例如性别是否与数学成绩的高低相关。把学生分组，使他们参与到统计的全过程中，在数据分析时应用信息技术。学生经历一遍统计的真实过程，远比

在课堂上练习 10 道习题的效果要好。另外教师在教学中应用计算机后应及时反思应用中的经验，并根据情况及时采取措施予以调整，在另外的班级中再次予以应用，然后再次反思。数学的理解，需要直观的观察、视觉的感知。特别是几何图形的性质、复杂的计算过程、函数的动态变化过程、几何证明的直观背景等，若能运用信息技术来直观呈现，将有助于学生的理解。

（二）从学生角度反思

大量学生知识积累少，计算机应用能力较低，特别是对于来自农村及信息设备差的地区的学生这个问题更加明显。高中数学教学与信息技术整合的主要目的便是让信息技术成为学生的认知工具。影响"整合"的因素除了环境、教师等因素外，最终要取决于学生。学生的知识基础、学习动机、学习方式、基本的计算机应用水平都将影响学生最终的学习效果。

学生往往过分注重信息技术操作，而忽视了信息技术对数学课程的最终目的。在进行高中数学教学与信息技术整合的教学之初往往会比较困难，学生对"整合"课的兴趣虽然很高，但有的是对计算机本身感兴趣，有的是对"整合"课感兴趣，无论是哪种动机，学生在学习过程中都有这样一种现象：对计算机的好奇心强于对数学知识本身，通过信息技术这一工具来学习数学往往变成了纯技术层面上的操作，学生的兴趣点更多地在信息技术操作本身。从某种意义上而言，一个多媒体课件相当于一个"助教"，其教学设计也应当在"点拨"学生方面大下功夫。学生能够理解的，要简单化；对于难点部分，也不能一下子就演示给学生看，要给学生留有思考的余地。还有多媒体课件的界面设计尽量美一些是必要的，但有一个尺度和场合问题，切忌华而不实。

由此，我们深刻地体会到多媒体技术再好也只是辅助我们教学的工具。如何合理地利用多媒体技术促进学生积极主动地学，这始终是一个值得教师去关注与思考的话题。

总之，信息技术作为一种现代教育技术，对传统教学手段来说是一场革命，由于其自身具有的巨大功能，信息技术与传统教学手段相比具有很多优势。但传统教学手段，无论是物质形态的手段，还是智能形态的手段，之所以可以延续至今，是因为它有巨大的教育功能。信息技术不可能简单地、完全地取代传统教学手段。在现代信息技术教学中，学生利用信息技术解决问题的过程，既是一个充满想象、不断创新的过程，同时又是一个科学严谨、有计划地动手实践的过程，它有助于培养学生的创新精神和实践能力。在传统的教学中，教师用粉笔加黑板的传统教具在黑板上板书时，需要一定的时间，这一段时间正是学生审题、思考的时间。利用信息技术后，往往出现这样的情况：教师认为许多东西都呈现给学生了，很快就过去了，没有给学生以思考的时间，表面上看整堂课信息量大，学生反映良好，其实只是由原来的人为灌输变成更高效的计算机灌输而已。因此，在教学中，只有注意使用信息技术，合理吸收传统教学手段中合理的东西，才能做到优势互补，协同发挥其教学功能。要认识到，信息技术既是学生的认知工具，同时也是认知的对象。数学教学，其核心是培养学生的思维，而思维能力的培养，需要有一个实践—认识—再实践—再认识的过程。信息技术介入数学教学中，提供的是超大的信息量和多媒体的信息传递方式，从学生的认知过程来分析，学生对计算机的依赖往往使数学知识变得更直接，由形象到抽象的过程被计算机替代，不禁使我们担心学生的思维停留在形象直观上，产生思维惰性，这恰恰与素质教育对数学教学的要求相悖。因此，"整合"一定要把握好信息技术使用的度，注意时机和时间，注意为学生提供观察比较、分析综合、归纳概括的机会，让学生"做数学"，在"做数学"的过程中，体验、感受数学，深入理解数学知识的生成过程。

第六章　高中数学深度学习教学方法

为了实现深度学习，本章从教师的教学方面着手，构建了关于提升学生深度学习的高中数学教学方式。该教学方式主要分为四个阶段，依次为准备阶段、预热阶段、主体阶段和评价阶段，下面本章将对这四个阶段展开详细的叙述。

第一节　深度学习概述

一、情境认知理论

情境认知理论认为，知识是个体根据自身经验建构意义的结果。学习是个体在与情境互动中创造意义的过程。学习应该在特定和有意义的情境中进行，并且会受到特定任务或问题情境的深刻影响。

情境通过活动创造知识。也就是说，知识是情境化的，通过参与实践来进行理解和掌握，在知与行的相互交错中进行构建。情境认知论强调，学习的设计要通过教学内容与实践活动相结合的方式，让学习者在真实的情境中体验学习，将知识的获得与自身的发展有机结合到一起。学习的目的不是单纯地掌握理论知识，而是将理论知识熟练应用到现实情境中。

这一观点反映了一种多维综合学习视角。美国教育心理学家德布洛克（Deblock）曾将学习概括为以下四个维度的整合：一是从事实到概念，从关系到结构；二是从事实到方法，再到学科方法论，再到学科本质观；三是从认识到理解，再到应用，再到综合；四是从有限移民到中等移民，再到全面移民。第一个维度强调从事实出发创设情境，理解概念和原则，并在此基础上形成结构化知识；第二个维度强调学科的方法和过程，形成方法，拓展思路，发展基于事实的思维；第三个维度强调知识的探索、分析、应用和整合，从理论上升到应用，再从具体应用中总结提炼；第四个维度强调将知识应用于具体事物，从生活经验过渡到学习应用科学，并在应用中形成反思和质疑的思维模式。

深度学习所强调的知识深度加工是在特定的学习情境中，通过实践教学激发学生的学习兴趣，实现知识最大限度的应用。这可以从学生和教师两个层面分析。在学生方面，学生在实践中发现问题、提出问题，通过理论知识的学习，再应用到实际生活中，学以致用。在教师方面，教师在教学设计上要从实际情境中提取案例，通过视频播放、实地教学等方式，使学生身临其境，激发学习兴趣，促进知识的理解与掌握。

情境认知理论强调知识与活动不可分割，知识是自身经验建构的意义结果，学习是个体在情境中创设的意义过程，它所体现的四个维度的整合与深度学习的特征相吻合。情境认知理论是深度学习得以促进和发展的重要理论依据。同样，深度学习在情境教学方式设计、情境搭建等方面都可以从情境认知理论中找到理论支撑。

二、元认知理论

元认知是对认知的认知，是指学习者对认知活动的自我意识和自我调节，包括元认知认识、元认知体验和元认知监控三部分。其中，元认知认识指的是主体对认知活动过程、相关信息及其结果的认知；元认知体验指的是在认知活动中获得的情感体验；元认知监控指的是对认知活动的自我监控和调节。例如，在学习中，学生不仅要感知和记忆知识和其他认知活动，还要及时调整自己的认知活动，使自己处于积极的学习状态。

如果学生的元认知能力处于较高水平，他们可以有效地监控和调整自己的学习过程。如果当前的学习风格影响学习效果，他们可以及时调整自己的学习风格和学习状态，从而提高学习效率。

深度学习与元认知相互促进。一方面，学生通过整合新旧知识和经验，形成新的认知结构，反思和调节学习过程，从而促进元认知的发展；另一方面，学生通过监控和调整自己的认知过程，加强对复杂知识的理解，对存在的问题及时采取纠正策略，促进深入学习。

三、建构主义理论

建构主义倡导通过学习者对新知识和已有知识的互动，实现对新知识的理解，而学习者知识的获取必须充分与自身已有知识和经验主动建构，才能真正完成信息行为。以下这些理念是深度学习模式的理论基础。

（一）建构主义知识观

建构主义知识观的主要观点可以归结为以下几方面：

第一，不能仅仅把知识看作对现实世界的描述，其与客观世界更准确的关系是解释和假设。

第二，知识并未天生便可对世界上所有的规则进行定义。在日常的实践中，知识并非随手可得的工具，必须在利用时结合具体的问题进行再创造。

第三，知识很难以实体的形式存在。知识必须与特定的个人相结合。虽然知识是以语言的形式加以描述的，但它必须以具体事实为背景，与具体情况密切相关。

（二）建构主义学习观

在建构主义理论基础上，学习过程并不是简单地将知识从教师传递给学生。真正的学习必须在特定的情况下进行。在教师的指导和帮助下，学习者通过必要的信息资源主动建构知识，这是一个有机的过程。在这个过程中有两个要素：一个是同化，另一个是适应。

具体来说，同化是指学习者在建构所学知识的过程中，必须将已有的知识与所学的新知识有机地联系起来，最终建构新的意义，并将新知识带入已有的知识结构中；适应是指由于学生建构了新的知识，原有的知识必须在其固有的认知系统中重新组织和分类。例如，一旦学习者的新知识与固有知识发生冲突，固有结构将随着新知识的到来而重新组织。

（三）建构主义技术应用观

在技术应用方面，建构主义观点认为，学习者真正获得的知识并非直接来自教师或技术指导，他们学习行为的核心在于学习者自身的思维。

建构主义认为，学习者的思维是学习的必然，认为学习者真正通过思维过程获得知识，思维的地位非常重要。为了培养学习者的思维能力，我们应该为他们提供充分的发展和成长机会，并创造相关的活动和技术支持。学习者的不同活动应该有与之相对应的不同思维形式。这些形式非常广泛，包括背诵、设计、解决问题等。

上述活动可以通过教师和技术的帮助来实现，但教师和技术的帮助总是属于间接活动，真正起作用的是学习者自身的思维。

可以看出，在建构主义理论中，学习是学习者基于原有的知识经验生成意义、建构理解的过程。因此，它符合深度学习的原则和目标。同时，它也是深度学习的理论基础。

四、认知灵活性理论

认知灵活性理论突出了学习者怎样获取复杂知识，以及如何对这些习得的知识进行有效迁移，同样是深度学习的有机组成部分。

认知灵活性理论不符合知识的机械限制，学习者可以被动地学习和理解知识，但该理论不完全同意建构主义过于重视非结构化部分，主张概念性学习和非概念性学习并重。

认知灵活性理论的核心观点包括两个方面：首先，在学习者学习的过程之中应该结合所学的知识为学习者提供必要的建构基础材料与信息；其次，应为学习者提供知识建构的足够空间，使学习者可以结合实际问题引入有针对性的认知策略。

由此可知，认知灵活性理论是针对知识的复杂性而生成的理论。有一种观点认为，可以将学习者面对的知识分为两个大类，一是良构知识，二是非良构知识。前者指的是在某一主题之下的成型的概念、定理等，具有标准化的层次；后者是在解决具体问题时必需的知识，即应用性的知识。与此相对应，可以将学习者的学习行为也分为两个类别，一是初级学习，二是高级学习。前者与良构知识对应，后者则与非良构知识对应。

可见，认知灵活性理论倡导在理解学习的基础上学习者能够批判性地学习新的思想和事实，并把它们融入原有的认知结构中，与深度学习的目标不谋而合，能够为深度学习的模式构建提供很好的借鉴。

第二节　深度学习的数学课堂教学行为

结合教育学和心理学、认知心理学领域的成熟理论，笔者认为，只有充分结合学生的个性特征与实际需求，以学生为主体、教师为辅助者和引导者，引入深度学习理论、建构主义学习观，才能冲破传统教育模式的弊端，为学生综合素质的成长和竞争能力的提升找到新的突破口，从而实现教育的真正目标。笔者最终将有效教学和深度学习的课堂行为化作四个环环相扣的有机阶段，分别是研学、展学、辅学、评学。下面对这几个阶段分别进行阐述。

一、研学

（一）研学的原则与流程

建构主义教学的原则之一是建立一个真实的问题解决环境，使学习者能够自主地解决问题，从而激发他们的思维。研学是学生在教师指导下，以合作探究的方式进行的自主学习。这是教师课堂教学的第一阶段，也是学生学习的主要阶段，在课堂教学过程中起着主导作用。

根据教学内容的要求设置 1～2 节课，学生必须根据案例学习，根据小组合作学习的结果，为下一阶段的"展学"打下基础。在研学课课堂上，我们应该将单独学习、结对学习和小组学习相结合。在研学课的前 20～30 分钟，学生应该独立学习，教师应该加强管理。在研学课的后半部分，小组之间相互交流，教师进行初步指导。所有的研学课程都结束后，学生应该上交学习报告。

（二）研学阶段的具体步骤

研学阶段的具体步骤如下。

1. 构建问题情境

根据建构主义与深度学习理论，任何知识的探究，其最初的源头都来自"问题"，原因在于学习者认知结构的形成环境是解决问题的具体情境。因此在研学阶段创设合适的问题情境，将学生置于所设置的疑问中，就能够为其构建出学习和探究的环境条件，使学生在疑问的驱使下激发出自身的情感因素，充分唤起解决问题的内在动机，产生学习的兴趣与探究的欲望。

结合高中生的年龄特征和个性特点，在创设相关数学情境的时候，素材的源头既可以来自日常生活的一些有趣现象，也可以来自学生已有的数学知识，甚至来自其他学科的某些现象。这些素材可以充分构建一个吸引学生思考的数学问题情境，同时还可以给学生的探究行为提供有益的信息与解决问题的依据。

在问题情境的导入和感受中，如果学习者发觉自身所拥有的知识与思考问题的途径已经难以解决情境中的问题时，便会在其认知体系中引发冲突，此时学习者的探究欲望便会被唤醒，继而促使其积极地投入答案的探寻中。

高中数学课程对于问题情境的构建还应该综合考虑三个方面的内容：第一，所创设的问题情境是否能够被学习者敏锐地感知？这取决于学习者先前的固有认识和经验与问题情境的契合度。第二，学习者对于自己即将探究的具体问题是否完全未知并愿意为之付诸努力，以及经过努力之后能否得到期待的答案？第三，所创设的情境能不能真正激发学习者产生认知方面的冲突，继而产生探寻答案的需要。

结合建构主义原理以及学习心理学原理可以证明，构建学生"最近发展区"的问题情境最能引起其强烈的探究欲望，同时，问题情境不应过于简单，使学生轻易寻找到答案，从而迅速降低兴趣度，也不应难度过高，致使学生产生挫败感，丧失信心。在此基础上，在教师的提示、鼓励、观察和引导之下，学生发现情境中的问题，并开始产生解决问题的需求。

2. 积极自主，合作探究

学生的深度学习应该建立在解决问题能力的提升上，因此教师在创建问题情境之后，应该将如何发展学生解决问题的能力置于教学的重心，要充分发挥学生的主体性，避免在教师事无巨细的讲解中使学生变成被动的接受者。因此，教师应该将自己的位置调整到观察者和引导者，在学生需要的时候进行适当的提示和点拨。

教师应该在创设情境的基础上为学生提供恰当的素材，鼓励学生进行合作，自发形成小组，共同配合，寻求问题的答案。

结合高中数学的内容和高中生的特点，笔者为其合作探究设置了合理的路径，即先观察、再试探、经思索、复猜想、后证明，在实践中，笔者将这个探究顺序应用在数学公式和概念性的知识教学探究中，证明了其非常有利于增强学生学习的策略性和效率。其次，应该在方法上为学生提供一些可以使用与借鉴的探究程序，例如，笔者在教学中随时向学生推荐一些归纳、类比、联想等探究的模式。其中，由于探究所具备的天然特点，笔者鼓励学生进行大胆的"猜想"，鼓励学生在探究活动中依据一定的外在条件适当以一些发散性的非逻辑推导，通过有依据的猜想，经过创造性思维来获取可能的答案。

在学生积极探究的环节，教师的观察和引导是至关重要的。首先，这一阶段能够充分检验教师所提出的情境是否合理高效；其次，教师应通过观察，引导学生在探究时注重已有知识与需要解决问题之间是否具有交集，是否有足够的契合度，从而以这些诱因调动学生努力使用自己已有的知识来进行推断和演绎，从而形成正确的探究方向；再次，为了保持学生的信心，鼓励其积极思考，就应充分尊重学生的独创精神，并在小组之间的相互交流之中鼓励其大胆猜想，使其思维达到足够的深度，实现对概念的深入理解。可见这种积极自主、合作探究的模式十分有利于学生在小组共探的方式中集思广益，取长补短，发挥各自的长处，协作互助，解疑释难。

结合建构主义理论，学习者对知识的掌握取决于自己对信息的建构，这也能够解释为什么不一样背景的人在观察事物时侧重于其不同的方面，因此应该允许学生从不一样的角度来理解其所面对的知识，也不应强求学生对于所学内容以完全相同的方式进行理解。这就更加突出了协作互助的重要性。教师应鼓励小组成员之间通过彼此的合作交流，使每个人都能够从不同的侧面对所探究的问题进行观察、思考、解释，最终使合作者之间的看法和观点在碰撞和合成之后生成新的火花。

在学生的协作交流中，最重要的是引导学生关注情境中的疑问和疑点，从而激发其勇于质疑的精神。教育心理学表明：疑是思之始，鼓励学生质疑，也就是培养学生的问题意识，这是激发其思索和探究的起点，也是培养学生创新能力的关键环节。学生只有拥有强烈的问题意识与质疑精神，才会在探究的过程中通过疑问的驱使来产生不断探究的动力。解疑释难的过程能够充分培养学生主动积极思考的习惯，并推动其发现问题、解决问题能力的成长，而这种问题解决能力的培养又十分有助于学生数学思维能力的提升，进而培养学生的创新意识。这个过程对于学生理解概念和原理，进而掌握知识、增强兴趣是十分关键的。因此教师应该时刻注重自身在此进程中的合适角色，为学生提供充分表达自己见解（哪怕是错误的见解）的机会，并从中捕捉学生思想的可取之处，及时给予表扬和鼓励。

在学生协作互助的基础上，教师在学生探讨到一定程度的时候，也可以以一个普通组员的身份参与进来，面对难题各抒己见甚至争论，并对明显偏离正确方向的同学进行适当的点拨，使其能够以更加高效的思考路径投入探究的乐趣中。而小组探究的结果则可以为下一步的"展学"打下很好的基础。

二、展学

（一）展学的原则与流程

从本质上讲，"展学"其实是一个评价和反思的过程。依据深度学习的原理，学习者的认知过程其核心便是对知识的同化与迁移。而"展学"所体现出的评价与反思则可以更好地促进和激发知识在学生脑海里的同化与迁移。展学能够体现出比较，而比较中所发现的不同之处是其他学习者进行借鉴的源泉，因此"展学"模式能够充分达到训练学生思维，并通过比较与借鉴达到优化思维品质的目的。

由此可见，"展学"是数学教学与学习的核心与动力。具体到高一年级的数学教学，展学课旨在对研学课小组合作学习的成果进行展示，通过追问质疑提升学习目标，拓展出更多的相关内容，让学生达到举一反三的目的。

展学课重在让学生对知识能够做到深入了解，弄懂、弄透，同时培养学生的语言表达能力，提升他们的自信心，获得成就感。展学课通过调动学生的积极性，由学生上讲台进行展讲，其他同学进行质疑、补充。教师可以预先制定任务分配给学生，也可以当堂点将或招兵买马，让学生进行展讲，尽可能让学生做到脱稿展讲。教师在这节课中最重要的作用就是针对学生的学情进行点拨、引导，但是不能占主导地位。

（二）展学阶段的具体步骤

展学阶段的具体步骤如下。

1. 组间展示，成果共享

在教师的引导和鼓励之下，各个探究小组将在"研学"阶段所得出的学习报告在全班同学面前进行展示，选出善于表达的同学作为本组代表，进行演示与汇报，在汇报的过程中，当演示者将基本思路讲述完毕之后，其他小组有权在任何时刻对其进行质疑和提问，并要求该成员进行回答或反驳。此时，教师完全处于一个引导者的角色，将课堂全部交给学生，只需为其提供必要的设备，包括黑板、电子白板、投影仪或者多媒体计算机投影系统，等等。教师还需控制流程与时间，在必要的时候宣布讨论停止，并且引导大家进入"展学"的下一阶段。

2. 小组评价，博采众长

在所有的小组均对其探究成果进行展示以后，教师控制课堂的进程，并提示大家对所有小组的特点和优势进行评价。此时，教师一方面是评价过程的发起人，另一方面还应担当竞赛的裁判，在学生评价和彼此竞争中，在反复的辩论和据理力争中，使学生逐步加深对知识的真正理解，实现真正的深度学习，并培养其合作精神以及集体荣誉感。学生的评价往往会出现一些疏漏、错误或者不够客观之处，教师应及时进行提醒、引导或者纠正。笔者在高中数学的教学中，将展学阶段的评价又分为组内互评与组间评价。

组内互评是为激发一个探究小组内所有成员的积极性与热情而进行的评价。当小组探讨完毕时，可以填写一张组内成员表现的"简表"，在表中，不为其准备负面的评价项目，而是拟定多项具有鼓励作用的优势项目，例如"发言积极踊跃""概念掌握清晰""积极配合协作"等等，能够使组内的每个成员都意识到自身的优势，以及其他成员中值得自己借鉴的地方。通过这样的方法，学生能够对自己的小组探究行为进行客观的反思，并充分学习小组同伴的经验，而教师则可以收集每一个成员得到的评语，为下一步的"辅学"打下良好的基础。

在组内互评的基础上，引导全体同学以小组为单位进行组间互评。在这个阶段，教师既应该注意培养学生的集体荣誉感，又应该注意避免使组间互评变为挑毛病甚至相互攻击，通过小组之间的客观友好的评价，也能够使知识进一步内化在每位学生的认知中，同时，正确的答案已经在互相评价的过程中逐渐出现在每一个成员的脑海中，这也为教师下一步的"辅学"打下了基础。

3. 总结反思，建构意义

建构主义的教学观认为：反思活动是学习者掌握知识的重要步骤，只有经过充分的反思，学习者才能在原有认知的基础上产生新的认知，并对正确的认识加以强化，摒弃此前在知识理解上的不准确之处，从而达到深刻理解概念、深度学习的目的。

经过反思，学生可以较好地对本身已经具备的认知结构进行同化，将所学习的新知识内化进已有的认知结构之中，进而形成新的认知结构，将这些认知与内、外部所具有的联系充分建立起来，最终形成完善的整体认知。

在小组评价之后，教师应该结合评价的内容和小组成员掌握的具体情况，积极引导学生对刚才的探究行为进行反思，从而进一步深化其认知结构，提升其数学意识，培养良好的思维品质，实现真正的深度学习。

4. 拓展运用，留疑发散

至此，学生在教师的总结之下已经较好地掌握了课堂知识，教师只需布置一些典型的作业或者习题，并叮嘱学生课下注意及时练习即可。但是基于深度学习的理念，教师还应在学习的道路上继续推送学生一程，即通过"拓展运用，留疑发散"的思想来留给学生更加广阔的思维空间，使学生能够充分发掘自身的深度学习潜能，利用已有的知识进行问题的解决，最终提升自身的综合素质和数学素养。

在这个过程中，教师一方面应考虑本班学生的整体学习进度以及水平，另一方面则应因材施教，为不同的学生设置不同的发散目标。由于学生的数学基础各异，成绩也不尽相同，因此教师应该为具有不同特长的学生有针对性地留疑，充分体现对不同主体的人本化教育，使每一个学生均能够沿着自己的需求和特点走得更远。

三、辅学

（一）辅学的原则与流程

根据建构主义学习理论，学生的学习过程是一个需要不断诊断和反思的有机过程，而"辅学"的核心是通过学生的反馈，由教师根据实际情况来检查缺失，实现课堂的整体进步。由此可见，辅助学习的重点是及时反馈、准确反馈、及时巩固、有效纠错，关键是处理学生在研究、展示、评价中存在的遗留问题，在辅助阶段主要是加强个别指导。辅助学习过程是一个乏味而耐心的过程，教师必须深思熟虑，做好笔记，防止辅助学习流于形式。

（二）辅学阶段的具体步骤

辅学阶段的具体步骤如下。

1. 及时评价，寻找不足

辅学的关键便是教师对学生不足之处的了解，而这些不足是在探究的过程中随时出现的，因此教师应该及时组织学生对自己在研学和展学之中的表现进行反思评价。在学生的探究阶段告一段落之后，教师可以为学生预留出一点时间对自己的探究行为进行反思：在刚才的探究过程中是否遇到一些难点？这些难点来源于何处？有什么针对性的解决方法吗？是否需要教师的帮助，等等。

通过自我反思和评价，学生会发现自己身上的一些不足之处，从而求助于教师，此时教师应积极引导学生分析这些不足的来源，引导学生思考，改正完成。同时教师应该意识到，对学生的适当点拨和帮助是促使其提升学习效果的重要一环，在辅学节点，教师应结合学生自身的不足之处，通过各种方法和角度协助其克服障碍。

2. 勤于检查，精确归因

为了真正实现"辅学"，教师应在引导和监控学生的探究过程中，通过巡视观察，及时对一些需要帮助的学生给以有针对性的指导。

对于部分学困生，如果其在探究中表现积极，则教师应及时肯定表扬，对其行为予以强化，以增强其学习的兴趣与信心，而如果发现有对探究行为消极应对的学生，则首先应弄清楚原因，是因为对学科兴趣不高，还是因为身体病累等，然后结合具体的原因对其进行有效的督促，并应该杜绝一味地贬低与批评，因为这样的方式无益于学生学习兴趣和探究欲望的提升，也不能使其真正进步和提高。

在辅学的过程中，教师应适当地倾向于学困生，对其耐心指导，对症下药。在笔者教学实践的经验中，对学生自学效果进行检查，能够较为及时地发现学生的信息困难或者方法上的不足之处。在课堂讲解的适当阶段，可以通过一些紧扣讲解内容的典型题目来检查学生的掌握情况，通过题目的效果，教师可以看出哪些学生需要继续努力，哪些学生出现错误，这些错误的原因是什么，教师便可以在辅学阶段结合这些具体的原因进行辅导。

3. 对症下药，及时辅导

结合所发现的学生在学习过程之中的不足，教师此时应该以各种方式对其进行辅导，而辅导的模式并非仅仅限于"一对一"，其他一些方式也能够达成目标。被证明有效的方式包括以下几种。

（1）课堂小结，精准投放

通常，在一节课的末尾，教师均会留出一些时间做小结。一般情况下，教师通过小结，能够对本节课的内容进行总结，使其在学生的脑海中变得系统化、清晰化，进而为学生将所学知识纳入本身的原有认知结构扫清道路。教师辅导的第一步依旧是将主要的力量放置在如何通过积极调动出学生自主学习的潜能，由学生自己提出问题，教师结合此前对学生的差距与不足，对这些问题进行补充，从而形成课堂上关于遗留问题的小结，而这些小结往往与本节课程的难点相契合。

在此基础上，教师鼓励学生针对这些问题进行集体讨论，通过集思广益，达到解决问题的目的，教师只需进行总结和提炼即可。在这个步骤中，教师依旧仅需起到有益引导的作用，其他的结论与答案由学生在热烈的讨论中去发现和确定。这种方法使学生的自主权得到了最大限度的发挥，充分保证了学生学习的自主性，体现出学生的主体地位，也培养了学生不惧难题、勇于探究的精神和合作协助的能力，十分符合建构主义指导下的深度学习模式。

（2）作业评价，总结不足

学生的不足之处，一方面通过以上的自我评价展现出来，另一方面则来自教师对学生解答习题时所犯的常见错误所总结出来的需要改进和提升的地方。这些地方只有教师才能发现（因为只有教师面对全体学生的作业），此时，教师便能够找到那些尚未完成的教学目标以及学生掌握知识不扎实之处，而这部分的不足是需要教师自己提出的。学生在教师的引导下，同样进行讨论和总结，最终纠正错误，弥补不足之处，达到完善知识的目的。

结合笔者的教学实践，学生对于作业习题的集体讨论往往能够收到比较好的效果，这是因为每个人都对这些题目进行过深入的思考，即使做错了，也对题目有着一定程度的熟悉。在具体的讨论过程中，教师应逐渐将学生的思路引导至题目错误的原因，以及错误点和知识点之间的关系，从概念和定义的角度来分析大家的解题思路与出错原因。通过这样的方式，教师从出错较多的知识点出发，顺藤摸瓜地寻找到学生学习困难的知识点，从而引导大家在讨论中突破本部分知识的难点。

教师在此过程中的角色把握是十分重要的。一方面，教师应该发挥引导作用，并对学生所提出的各类看法和观点进行评价；另一方面，教师还应注重在讨论中加深学生对本学科的兴趣，因此教师的评价应该首选褒义和中性的词汇，而不应通过贬低来打压学生的积极性，从而提升学生的自信心与自我效能感。

在课堂上，教师的评价、鼓励或者否定均能够在很大程度上影响到学生心理，因此教师在解决问题的过程中应始终以积极向上的正面形象出现，以乐观的精神感染所有的人。学生在这样的氛围中才会积极思考，并大胆提出自己的见解。

（3）精练讲评，解惑释疑

学生毕竟是初学者，即使经过了集体讨论，也仍然会有一部分难点是其难以解决的，因此教师此时应以精辟独到的讲解来为学生解惑释疑。还有一种情况，便是即使教师深入讲解之后仍发觉有一部分学生依旧没有掌握知识，这时候教师应该仔细查明原因，进行解决。在很多时候，学生没有弄懂本节课程内容，原因可能不在这节课上，而在于以前的基础没有打牢，此时教师就应该针对具体的知识点进行讲解，彻底扫清日后的信息障碍，不给学生"欠账"。

四、评学

（一）建构主义理论指导下的形成性评价

在建构主义理论指导下，深度学习需要依赖学习者积极主动建构才能真正完成，因此应将学生作为真正的学习主体。为了与深度学习的理念一脉相承，笔者引入现代认知心理学的方法，把对学生的评价过程优化为"形成性评价"。"形成性评价"是教师不断获取来自学生的反馈信息，以便改进教学而进行的系统性评价，其观点认为，对学生的评价是一个教学模块的结尾，更重要的是另一个教学模块的起点。在实施评价的时候，应将评价的目标定位于进一步促进学生实现有效的深度学习。可知，"形成性评价"可以理解为基于建构主义教学观的评价方法。

（二）形成性评价的执行

在执行形成性评价的过程中，笔者严格结合多元智能理论的评价原理来进行评价流程的取舍和设计。该原理的主要观点是，任何一个学生均具有多元智能，也具备学习能力，只是随着个人特质的不同，其发展潜质也互不相同。在这个观点的指导下，显然并不应该对所有的学生采取一模一样的评价标准。

只有将对学生的评价建立在对其全面理解的基础上，才有利于充分发挥学生的发展潜力，并使其循着适合自身智能结构与特点的方向发展进步。因此笔者在评价中尽力做到因人而异，以不同的视角去看待不同的学生个体，通过构建符合学生个性特点和智力特点的方法进行评价，从而促进其真正的全面发展。

评价模式应注重多元化，对学生学习进行阶段性的检查与总结，通过验收发现问题，调整教学计划，写教学反思，并引导学生归纳总结。应突出重点，抓住问题，分层要求，区别对待。

1.分类评价，面面俱到

对于评学，应从多个方面真实地反映学生学习的全貌，因此，可以如下的分类方式来整合评价模式。

（1）真实性评价

真实性评价就是通过真实性评价的方式，来实现以学生为中心的评价。真实性评价注重的是学生在学习中是否有能力解决与所学内容有联系的现实生活中的问题，以检验学生的迁移能力，以及对知识的领悟能力、创造能力。

（2）表现性评价

表现性评价就是结合学生在日常学习和课堂讨论探究中的具体表现对其进行评价。表现性评价注重的是学生的实际行为。表现性评价还关注学生是否能够在课堂探究中将所学知识顺利转化为解决问题的能力。表现性评价需要注重对学生日常行为的观察和收集、记录。

（3）发展性评价

发展性评价充分考虑到人本主义的教育理念，以学生的全面发展作为考察目标，以被评价者是否具备足够的自我反馈、自我完善的能力、是否在认知过程中拥有足够的情感体验和自我认同等作为评价目标。在以人为本的思想下，发展性评价注重学生个体的差异性，因人而异。

以上的评价模式可以单独使用，但是整合起来则更加能够全面反映学生的学习状况，本章将在后面的内容中以实例来说明这些评价模式的具体使用。

2.方式多样，彼此组合

形成性评价由于注重学生的个体性特征，所以实施方式也是多样化的，笔者结合多元智能理论以及教学实际条件，为学生选择了以下的评价方法。

（1）成长记录袋

这是学生的一个成长小档案，它可以有条理地反映出该学生的学习和进步的过程。成长记录袋可以结合具体的高中数学学习目标，描述学生的进步、学习状况、认识和体会以及每次考试后的小结等，其中也包含了教师的评价、同学的评价以及家长的评价。

（2）课堂评价

课堂评价是对学生学习情感态度进行观察的直接结果，对提升学生参与性最为有效。基于深度学习的课堂评价，不再遵循传统的教师提问、学生回答的模式，而是充分突出学生在课堂的主体地位，通过评价唤起学生的学习兴趣和参与性，使学生充分感受到探究的乐趣与合作的默契、成功的喜悦。

（3）研讨评价

研讨评价有别于传统教学方法中的"测验式研讨"，其实质在于以课程特点为基础，结合学生不同的特质，因人而异，通过鼓励学生自主完成任务，来评价其自主学习、自主发展的能力。

3.明确标准，公平对待

深度学习强调的是尊重学生的个体性和差异性，因此评价标准也应该多元化。在此前提下，以公平为原则，可以制定以下评价标准。

①教师评价标准：教师在每一个阶段应以客观的描述语言给出学生的个人发展情况评价，并充分注重每一个个体的差异性，以能力评价为先导，摒弃"唯分数论"。

②学生自评标准：学生结合对自己的了解，从学习的现状、水平、结果、不足等方面为自己打分，同时尊重自己的个性和潜能。

③学生互评标准：探究小组，结合每一位成员的表现，对其进行评价。

至此，研学、展学、辅学与评学四个环环相扣又彼此独立的阶段已经介绍完。笔者用以上模式实现了学生的深度学习，并取得了良好的效果。

第三节　高中数学深度学习教学方法的准备阶段

在准备阶段，教师需要在明确课程的教学目标和做好预评估的基础上完成课程设计，也就是要做好每节课的教学设计。教学目标和预评估是双向关系，因为预评估的测试题需要根据教学目标对学生的要求来精心设计，而预评估的测试结果可以帮助教师修改和完善最初设计的教学目标，因此一个好的教学设计需要教学目标和预评估的共同支持。

一、明确教学目标

教学目标不仅在教学活动中起导向作用，而且影响着整个教学活动的开展。在设计教学目标时，要明确其对教学活动深度和广度的指导作用，以促进学生在数学课堂的深度学习。为了设计好教学目标，教师需要关注以下内容。

（一）《普通高中数学课程标准（2017 年版 2020 年修订）》具体内容

《普通高中数学课程标准（2017 年版 2020 年修订）》向一线教育者传达了最新的基本教育理念，包括课程设计与教师教学要以学生的发展为本；教学内容要渗透数学文化；教学中启发学生深入思考问题，在合作探究中把握数学知识的本质；评价要关注学生数学核心素养的达成情况，重视学生的学习过程。另外，课程标准也规定了学生在三维教学目标方面所要达成的基本要求，因此教师需要认真学习和研究课程标准，学习它的最新教育理念，将教育理念中的要求融入教学目标之中。

（二）三维教学目标要紧密相连

在实际教学过程中存在三维教学目标被割裂的现象，这是由于许多教师未能充分认识到教学目标之间是紧密相连的。比如，有的教师在教学中比较注重学生对新知识的掌握；有的教师在教学中比较注重培养学生的学习兴趣和求实的科学态度等，但却忽视了另外两个目标维度。而三维教学目标是三位一体不可分割的，因为知识与技能是另外两个目标维度的基础，是前提性目标，情感态度与价值观是另外两个目标维度的动力，具有推动作用，而这两个目标维度的发展需要通过学习过程（过程与方法目标）来实现，因此教师不能用孤立的眼光看待教学目标，而要关注其完整性，实现三维教学目标的整合。

（三）教学目标要关注学情

学生是学习的主体，教学目标的制定需要关注学生的学习情况，学生的知识储备、心理状态和学习需求都会影响学习效果。如果教师设定的教学目标超出了学生的接受范围，学生会在数学课堂上感到学习困难，从而无法进行深度学习，随着时间的推移，学生会害怕数学。或者教师设定的教学目标过于简单，学生可以在没有太多学习精力的情况下达到教学目标的要求，使学生变得懒惰。如果目标太难或太容易，学生的学习积极性就会降低，不利于深入学习。因此，教师应做好学习诊断工作，制定符合学生接受程度和需要的教学目标。

二、注重学情分析

预评估大致相当于我们通常所说的学情分析。预评估有助于教师合理安排数学概念或定理的教学时间和精准构建基础背景知识，同时减少不掌握课时教学目标的人数。在深度学习中，学生在学习新的数学知识时，常会利用已有的数学知识或生活经验联结新的知识，因此教师需要了解学生关于该章节或课时的背景知识、学生的学习习惯和学习风格等，清楚在一个章节或课时要达成哪些学习目标。了解学生仅靠日常的观察往往是不够的，为了大致而快速地了解学生的学习情况，可以采用预评估的方法。预评估测试卷题目不用非常复杂，只需根据教学目标，设计几道简单的题目，题目的类型可以是选择题、判断题或者简述题等。深度学习路线中一般把测验的时间安排在章节的一周或两周之前，答题的时间控制在 5 ~ 10 分钟，且不记名答卷。对于高中数学而言，学生学习数学的时间紧迫，如果测验时间安排在一周或两周之前，学生近乎没有时间提前预习，对新课内容的了解自然很少，测验也不会很理想，所以笔者认为测验应该在学生预习新课的基础上进行，测验时间安排在新课不久之前。

以"等差数列"为例，设计了如下预评估测试题。

（1）下列数列哪些是等差数列？

① 1，3，5，7，9；② 100，95，90，85；③ $\frac{3}{2}$，1，$\frac{1}{2}$，0，$-\frac{1}{2}$，$-\frac{2}{3}$；
④ 1，2，3，5，6，7。

（2）请找出下列数列中的等差数列。

① 9，7，5，3，…，$-2n+11$，…；② 1，2，1，2，…；③ 1，2，4，6，8，10，…；④ a，a，a，a，a。

（3）已知数列 $\{a_n\}$ 的通项公式 $a_n=2n-3$，（$n \in \mathbf{N}*$）n，它是等差数列吗？

设计意图：第一题是为了考查学生能否在几个有穷数列中判别出哪些是等差数列；第二题增加了难度，考查学生能否在几个无穷数列中判断出哪些是等差数列，并能认识到常数数列是一种特殊的等差数列；第三题的难度最大，考查学生能否利用数列的通项公式去判定数列是否为等差数列，最能反映出学生的预习情况。

第四节　高中数学深度学习教学方法的预热阶段

本节把预热阶段安排为课前的五分钟到课上的五分钟，课前五分钟不是说教师要占用学生的课间休息时间，而是自己需要在课前做好准备，比如调试好课件、动画或者其他需要用到的多媒体软件等。在课上的五分钟，教师需要告知学生课时的学习目标，使学生建立起积极的心理准备，还要利用导入手段引导学生更好地觉知知识，并在学生初步认识新知识后，通过激活学生的先期知识，加强学生已有知识经验与新知识的联系，为下一阶段的学习做好准备。

一、营造积极的学习文化

把营造积极的学习文化放在这一阶段的开始部分，并不是意味着它是预热阶段的第一环节，而是因为营造积极的学习文化是深度学习教学方法实施的前提条件。营造积极的学习文化包括以下两个方面。

（一）良好的师生关系

良好的师生关系是促进数学课堂教学活动顺利进行的重要条件。它不仅可以使学生拥有安全的感觉，而且可以使学生愿意相信教师，主动地接受教师的教育和影响；它还可以营造民主舒适的课堂氛围，让学生感到舒适和快乐，学习效率也会提高。

（二）良好的生生关系

良好的生生关系也是教学活动顺利进行的重要因素。当学生能够以积极的意愿一起学习数学时，小组合作学习模式可以帮助他们互补优势，提高他们的情商，培养他们的合作意识，帮助他们承受相对较高的挑战。此外，学生之间的合作精神和适当的竞争意识也在一定程度上支持深度学习。

二、告知学生学习目标

告知学生学习目标有助于学生在正式学习前建立积极的心理准备，对后续学习有积极的导向作用：它能引起学生对学习重点的关注，构建知识之间的联系，有利于学生积极参与学习过程，提高学习积极性；它能激发学生围绕学习重点进行思考，帮助学生有序地组织思维。与简单地告诉学生不同，教师需要向学生展示学习目标，以便他们知道在课堂上学习什么，新知识可以解决什么样的问题，从而提高他们的学习动机。

例如，在"古典概型"的教学中，教师可以告知学生通过学习古典概型能够更好地认识生活中的一些问题，如遗传问题、猜拳问题和常见的摸奖问题等，从而激发学生的积极主动性。

三、引导学生觉知知识

觉知是学生进行深度学习的前奏，在这一阶段，学生的大脑需要为更多组块的信息做好充分的准备。学生的身心状态和对当前课堂学习兴趣的浓厚程度、所学知识的意义的理解程度以及知识背景信息的把握程度都会影响觉知领域的发展。在"我对数学很感兴趣"这一命题的调查结果中，有 26.9% 的学生表示自己对数学没有兴趣，因此为了使学生更好地感悟知识，可以运用以下导入手段去引起学生的注意，激发学生的学习兴趣和调动学生的学习主动性，使学生的学习状态调整到最佳，能够及时地接收到教师给予的刺激，获取新知识。

（一）情境导入法

情境导入法是指教师设置与新知识相关的生活情境或熟悉的典故，使学生感觉自己置身于教师所描述或展示的情境中，从而激发学生的学习兴趣和求知欲，使其熟练地从情境中抽象出要学习的数学问题，然后将其引入新的课堂。

例如在学习"函数的单调性"时，教师可以展示北京某日的温度变化图这一贴近学生生活经验的情境。

（二）故事导入法

利用与新知识相关的数学故事导入新课，可以引起学生的注意，激发学生的学习兴趣和探究知识的欲望。例如在"等差数列的求和公式"一课中，教师可以讲八岁的高斯在极短时间内就算出 1 到 100 的和的故事，激发学生的学习兴趣。

（三）数学史导入法

数学史导入法是指教师在导入新课时可以给学生讲述与新知识相关的数学家的传记或数学发展史，利用榜样的力量感染学生，调动他们学习的积极性。例如在学习"二项式定理"时，教师可以使用 PPT 向学生展示我国古代著名的"杨辉三角"，激起学生学习的热情与积极性。

（四）实验导入法

课程标准指出，数学教学不能单纯从理论角度实施教学，需要同时注重实验操作，让学生在具体的实验中理解数学知识，如此一来能有效培养其举一反三的能力。因此，在高中数学教学中，教师可以利用实验导入新课，以此培养学生在实践中获取知识的能力。例如，在"数学归纳法"一章的教学中，教师可以不直接讲解归纳法，而是让学生利用多米诺骨牌做一个实验，首先他们要把所有骨牌按直线摆好，每两个骨牌之间都保持相同的恰当的距离，然后轻轻碰到第一枚骨牌，会发现所有的骨牌会依次倒下。

这种趣味式的实验不但能激发学生的兴趣，更能让学生在动手实验的过程中体会数学归纳法的原理。

四、激活先期知识

先期知识是指学习者已有的知识或经验。建构主义者认为，学习不仅是知识的传递，还是学习者建构自己知识经验的过程，这种建构是通过新旧知识经验之间的双向的、反复的相互作用来实现的。因此教师在导入新课之后，最好不要急于进入探究新知识的环节，而要通过一些方法激活学生的背景知识，然后在探究活动中使学生的旧知识经验与新知识相互作用，并产生联结，从而更好地建构新知识。当然，教师也不应固势化地只在此环节激活学生的先期知识，而应在学习活动需要学生的先期知识参与时，巧妙点拨。

教师在数学课堂上激活学生已有知识经验的方法或手段有如下几种。

（一）口头提问法

口头提问法是激活学生已有知识经验最直接的方法，这种激活方法具有简单、方便和可操作性强的特点，在日常教学中，教师常用口头提问的方式帮助学生复习知识和巩固知识。例如在"映射概念"的教学中，教师可以提问学生函数的定义，帮助学生回忆起函数定义中数集是非空的，从而为学习映射的概念做好知识铺垫。

（二）多媒体技术直观教学法

运用图片、视频等多媒体手段串联所学知识，可以形象直观地展现数学情境，激活学生大脑中的背景知识，吸引学生的注意力，激发学生的兴趣，从而调动他们学习的积极性。例如，在"直线与圆的位置关系"的教学中，教师可以向学生展示"海上生明月"的动画，引导学生将月亮抽象为圆，海面抽象为直线，使学生回忆这种场景与自己学习过的什么知识有所联系，从而激活学生初中学习过的直线与圆的位置关系的知识，并使学生将"海上生明月"的过程抽象为相交、相切和相离三种情况，为下面学习代数证明方法做好知识铺垫。

（三）练习题

练习题蕴含着丰富的知识点，学生可以在解决问题的过程中回顾学习的知识，因此提供练习题是激活学生旧知识经验和巩固知识的好方法。例如在"等差数列前 n 项和"的教学中，教师可以设置这样几道练习题：

思考：如何求以下各式的和？

（1）前 100 个自然数的和：$1+2+3+\cdots+100=$＿＿＿＿＿＿；

（2）前 n 个奇数的和：$1+3+5+\cdots+(2n-1)=$＿＿＿＿＿＿；

（3）前 n 个偶数的和：$2+4+6+\cdots 2n=$＿＿＿＿＿＿。

一般情况下，学生在初中阶段就已经知道了第（1）小题的答案，因此教师通过设计第（1）小题可以激活学生已有的知识经验，使学生利用自己掌握的解题方法或技巧去探究第（2）、（3）两题，激发学生对新知识的求知欲望。

（四）小组讨论

在比较复杂的学习中，教师可以让学生以小组形式讨论交流，在交流过程中填补以前学习中的认知空隙，加深学生对知识的深层理解，不断激活群体已有的知识经验。

例如在"椭圆中求最值"的教学中，教师可以引导学生回忆学习过的求最值方法，由于方法众多，教师可以让学生小组讨论，对方法进行归纳分类，相关方法有利用函数单调性、利用不等式和数形结合等，从而为学习如何在椭圆中求最值问题做好方法准备。

第五节　高中数学深度学习教学方法的主体阶段

主体阶段主要包括引导学生从分析到综合知识、引导学生应用知识和引导学生同化知识三部分。

一、引导学生从分析到综合知识

虽然觉知还不是深度学习的真正领域，但它为深度学习做好了心理上的准备。

接下来，深度学习自然就进入分析、综合阶段，在这一阶段，学生从整体和部分的角度认识新知识，并对新知识进行整合和意义建构。为了使学生更好地理解知识、建构知识，教师可以采取以下教学策略。

（一）注重合作，建立学习共同体

在学习过程中，教师有必要引导学生建立学习共同体，在小组学习中进行合作，因为在"学习共同体"中，学生的互动活动会促进他们的认知活动。在教师下达学习任务时，学生会在任务中思考问题，通过讨论和交流形成自己的判断，表达自己对问题的理解和解决问题的不同想法。学生在互动的过程中分享了自己的观点，扩大了自己的知识。

（二）引导学生运用多种方法实现知识的意义建构

"我常常在课堂上边听边思考，努力理解新的知识"这一命题的调查结果显示，大多数学生能够做到理解性的学习知识。作为教师，为了使学生更好地理解新知识，并实现新知识的意义建构，可以引导学生运用多种方法，包括实验、类比推理、归纳推理和从特殊到一般，等等。

1.运用操作实验

直接经验对学习数学具有特殊意义，条件允许的情况下，让每一位学生动手参与数学实验是他们实现意义构建知识的有效学习方式。如在"指数函数的性质"教学中，可借助几何画板让学生进行数学实验，学生通过随意取值画出相应的指数函数图像，观察、讨论交流底数对指数函数的性质的影响，然后动态演示函数图像的变化情况，让学生更为直观地感知指数函数所具有的一般性质。在函数图像的变化实验中，可通过诱发学生的思维冲突，使学生主动调整对指数函数的认知，在经历师生讨论、交流和逐步分析后，归纳出指数函数的性质，最终达到对指数函数的性质的有效意义建构。

2.运用类比推理

类比推理活动是实现意义建构的重要方式。在进行类比推理活动时，首先要引导学生在原有的认知结构中寻找恰当的类比原型，其次要根据类比原型的结论及其推导的方法，提出类比猜想，再进行检验或证明。如在"等比数列的性质"教学中，引导学生从等差数列的性质入手，运用类比推理得到等比数列的性质。

师：根据前面学习的知识，我们知道在等差数列 $\{a_n\}$ 中，若自然数 m，n，p，q 满足：$m+n=p+q$，则 $a_m+a_n=a_p+a_q$。那么在等比数列中有没有类似的结论呢？

生1：在等比数列 $\{a_n\}$ 中，自然数 m，n，p，q 满足 $m+n=p+q$，则 $a_m+a_n=a_p+a_q$。

生2：在等比数列 $\{a_n\}$ 中，自然数 m，n，p，q 满足 $m+n=p+q$，则 $a_ma_n=a_pa_q$。

师：两位同学的猜想哪一个正确呢？（学生动手证明两种猜想）

生：运用等比数列的通项公式可以证明第二种猜想正确。

3.运用归纳推理

归纳推理是依据同类事物中所蕴含的同一性或相似性而得出此类事物的一般性结论的思维过程，它也是实现知识意义建构的重要方式。如在"同角三角函数的基本关系式"的教学中，教师可以引导学生计算下列各式的值：$\sin^2 30°+\cos^2 30°$；$\sin^2 45°+\cos^2 45°$；$\sin^2 60°+\cos^2 60°$。通过运算，发现各式的值均为1。

师：这一结论能否推广到任意角 a，猜想有什么结论？

生：$\sin^2\alpha+\cos^2\alpha=1$。

师：很好。又由 $\tan 30°=\dfrac{\sin 30°}{\cos 30°}$，$\tan 45°=\dfrac{\sin 45°}{\cos 45°}$，$\tan 60°=\dfrac{\sin 60°}{\cos 60°}$ 推广到任意角 $\alpha(\alpha\neq\dfrac{\pi}{2}+k\pi,\ k\in\mathbf{Z})$，猜想有什么结论？

生：$\tan\alpha=\dfrac{\sin\alpha}{\cos\alpha}$。

师：如何证明这些公式？（引导学生联想三角函数的定义）

二、引导学生应用知识

应用知识，一方面是指将所学知识运用到生活实际当中，另一方面是指运用所学知识解决数学问题。在这里，应用知识主要指运用所学知识解决数学问题。学生通过解决数学问题展示其学习的新知识，证明其已经掌握当堂的学习内容，因此教师需要精心安排练习的内容，促进学生应用知识。

（一）由易到难，循序渐进

练习的设计应符合学生的认知规律，由简单到复杂，循序渐进，使不同层次的学生能够运用知识解决问题。练习一般要经过模仿、掌握、熟练和创造几个阶段。在不同的阶段，问题的难度应该是不同的，也就是说，练习的设计应该反映学生的知识水平。一开始，教师不能直接展示难度练习，这很容易挫伤学生的积极性并增加其恐惧感。经过多次积累，他们在数学学习上会产生厌倦感。分层实践可以让学生体验思维发展的过程，体验小步骤成功的乐趣，以及从基础到综合的实践过程，逐步掌握知识和解决问题的技能，使学生能够灵活运用知识解决问题。

（二）一题多变

"教师讲的题目当时可以解答，但遇到同类型或相似的题目，我常常解答不出来"这一命题的调查结果显示，有 28.6% 的学生在这一方面较为困惑，这说明该部分学生在迁移应用方面比较薄弱。为了培养学生的迁移能力，教师在课堂练习时可以利用一题多变的方式，加深学生对数学知识的理解，使学生摆脱对特定情境或条件的依赖，能够在多变的题干条件或情境下解决问题，不断培养学生融会贯通、举一反三和触类旁通的能力。例如在"二次函数的最值问题"教学的练习环节，教师可以先出示题目：求函数 $y=x^2+4x-2$ 的最小值。这是一道简单的应用题，是求函数在定义域中的最值，对于学生来讲，一般难不倒他们，所以经历简单的练习之后，教师需要对题目的难度进行升级，给出题目的变式。

变式 1：求函数 $y=x^2+4x-2$ 在 $[0, 3]$ 上的最大值和最小值。

变式 1 的函数形式不变，不过对求最值限定了区间条件，一般称为"轴定区间定"问题，相对原题来说，难度稍高一点。

变式 2：若 $g(x)=x^2+4x-2$ 定义在 $[a, a+1]$ 上，求 $g(x)$ 的最值。

变式 2 的函数形式依旧未变，但其定义的区间是由参数表示的，也就说它的定义区间随着 a 的变化而变化，一般称为"轴定区间变"问题，相对变式 2 而言，难度更高，需要学生掌握分类讨论的思想方法。

教师通过变换题目的条件，将一道原本简单的题目变得越来越复杂，使学生得到了充分的练习，并在一层一层的练习中领会到题变思想不变的道理，逐渐做到把握知识的本质。

（三）一题多解

一题多解表现为从不同角度分析和思考问题，由此产生不同的解决问题的方法。通过一题多解不仅能够促进思维的发展，使学生在思考问题时能够更加全面，不重复，不遗漏，有规律，而且能够使学生具备更多的解题策略，并灵活地变换解题策略。许多数学问题解法都不止一种，课本例题的解题方法或者教师提供的解题思路都不一定是最优的方法，因此教师要帮助学生树立自主解题意识，鼓励学生相信自己，不拘于已有的解题方法，敢于创新与探索，如果学生独立发现了新的解题思路，不仅会产生对数学学习的热情，还能够丰富学生的解题经验。例如 " $a>0$ ， $b>0$ ， $\dfrac{1}{a}+\dfrac{2}{b}=1$ ，求 ab 的最小值"这个问题，一般情况下，学生会利用不等关系解决问题，这时教师可以引导学生去思考有没有其他方法解决问题。

师：对于这个问题，除了可以利用不等关系解决问题，还有没有其他的方法？想想 1 的平方还……

生：我知道了，可以利用平方法，把 1 替换为 $(\frac{1}{a}+\frac{2}{b})^2$，再根据不等式就可以求出结果了。

师：非常好，这位同学认识到平方后的等价关系，巧妙地解决了问题。

对于这个问题，解法还有很多，本书不再一一介绍。不过在教学过程中，教师通过引导学生运用多种方法解决该问题，可以使知识点得到充分的展示，体现数学知识的连贯性，并使学生对多种知识达到融会贯通的程度，充分培养学生的发散性思维和解决问题的能力。

三、引导学生同化知识

在前面综合和应用阶段，学生对新知识进行了理解和消化，在这一阶段，学生需要将知识以个人的方式同化，纳入自己的认知结构之中。同化是个人成长和转变的关键，是消除不良习惯的关键，是终极的学习目标。但要注意的是，同化领域并不完全能够在一堂课将要结束时就能实现，从应用知识到同化知识需要一定的时间和学生的课外努力，所以这一阶段可以延伸到课外时间。虽然在课堂上不能达到，但教师依然可以采取恰当的教学策略帮助学生从应用知识向同化知识发展。

（一）引导学生使用思维导图总结知识

思维导图可以将零散的知识点分布在同一个框图上，使知识点之间的关系呈现得更加直观，具有鲜明的整合性特点，是一种图文并茂、生动形象的手段。在学习中，学生通过使用思维导图总结知识，可以构建直观明了的知识网络结构，并从中快速识别当堂课的重要知识点以及知识点之间蕴含的联系，为知识点之间融会贯通创造有利的条件，提高学生整合知识的效率，增强他们对知识的理解和记忆。深度学习的过程是一个由浅入深的过程，在这个过程中，教师需要重视新旧知识之间的联系，因为如果不能把新知识与学生已有的知识经验相结合，容易导致学生孤立地学习新知识，使学习缺乏系统性。而利用思维导图可以将新旧知识联系起来，可以帮助学生利用思维导图理解知识，并主动地把新知识同化到自己原有的认知结构中，使新旧知识之间的联系更加牢固，从而使新旧知识之间的衔接水到渠成。例如，在学完"平面向量"这一章节的内容之后，教师可以引导学生一起完成对平面向量知识点的思维导图。

（二）小组内学生互讲互评

教师可以在小组合作学习中采取学生互相讲解、互相评价的方式。互相讲解，顾名思义是指对于一道数学问题，小组内的成员集思广益，说说自己对题目的理解与解题思路。会解题并不意味着可以看到题目背后的知识本质，通过讲题不仅可以促进学生深入思考，从不同角度思考题目的外延和挖掘题目的内涵，无形中加深学生对新知识的理解，培养学生的探究精神，而且也能够充分暴露学生解题时的思维误区和知识盲点。互相评价是指在学生讲解题目之后，小组其他成员对讲解人的评价，学生要评价其讲解的内容是否正确，对于错误的方法提供相应的原因并给讲解人提出合理的建议。"小组讨论时，我常常不能认同其他同学的想法或见解"这一命题的调查结果显示，有少部分学生不能较好地尊重他人观点，因此作为教师，在学生互评的过程中，需要帮助学生建立尊重他人观点的好习惯。另外，教师也要帮助学生学会证明自己的观点或想法以及及时更正自己错误的观点。这样学生可以看到同伴的"闪光点"，利于学生扬长避短相互提高。另外，当同伴的解题思路与自己的思路产生碰撞时，学生会反思自己的解题思路，最终获得正确的解答和深刻的理解。通过小组内的互讲互评，学生对于知识的理解更加深刻，知识在讲解的过程中逐渐内化在学生自身的认知结构中。通过评价，学生可以完善自己对新知识的理解，促进学生从应用知识领域向同化知识领域的发展。

（三）开展数学建模等探究性活动

数学建模等探究活动是对课堂知识的补充与运用。数学建模需要学习者有深厚扎实的数学基础、灵活的思维能力和较强的问题意识等。在数学建模的过程中，教师通过引导学生主动查阅资料、团结合作、积极讨论来培养学生的学习欲望、自学能力，增强学生的数学素质和创新能力，并使学生主动将知识与生活实际问题相结合，运用所学知识解决问题，从而促进学生对知识的同化。

由于高中生知识面还不够广泛，也不能系统地学习一些软件，所以教师在设置数学建模等探究性问题时，难度要适中，不能超出学生的能力范围，否则会打击学生的自信心；也不能过于简单，没有挑战性，否则不能考验学生的能力。

第六节　高中数学深度学习教学方法的评价阶段

一、教师评价

在评价阶段，教师要注意的是，评价的目的不应过于注重选拔更优秀的学生，而是应该关注每个学生的学习情况，帮助学生及时查缺补漏，完善自身的不足，从而促进每一个学生的发展。另外，教师也要重视每次学习活动的评价，一次学习评价的影响看起来微不足道，但学习的变化总是在这些细微的影响中潜移默化地发生的，而且一次学习活动的评价不仅是适时的总结，而且会影响着后续的学习活动，成为它们的开端与动力。评价不仅是对当前学习活动的总结与反思，更是以后学习活动的开端、向导和动力。有效的评价可以促进学生对深度学习程度的认识，提升他们深度学习的能力。

（一）评价方式多样化

传统的评价方式主要以考试为主，学生学习的好与坏以考试成绩的高低进行评判，这样的评价方式显然是片面的，不但会打击一些学生的积极性，而且容易产生高分低能的现象，因此教师的评价方式或标准应该多样化，可以关注学生课上的参与度和小组讨论情况、课堂检测的情况和作业的完成情况等，不能局限于考试这一形式，要做到以学生为本，尊重全体学生，着力于每个学生的发展。此外，一节课结束后，教师的评价不仅要检测学生对本节课知识的习得情况，也要了解学生对数学思想方法的掌握情况，以及关注学生积极向上的情感态度等方面的发展状况。另外，教师要在学生差异基础上进行评价，教师课前通过预评估、平时观察或沟通可以确定学生的学习水平。学习程度好的学生和较差的学生学习新知识的基础水平是不同的，因此教师不能在评价时"一刀切"，要针对学生的具体情况进行评价。

（二）注重形成性评价

教师应注重形成性评价，评价不应该只在课后，也应该成为学习过程的一部分。在教学过程中，教师适时采取一些过程性评价方式，比如提问和练习题等方式，能够快捷地反映学生对当前学习的理解或掌握情况。如果评价反映学生对知识的理解程度不错，可以使学生认识到自己的付出与努力没有白费，这种积极的肯定可以激励学生更好地学习；如果评价反映学生对知识的理解出现障碍，教师也不必恐慌，而要变不利为有利，将学生出现的错误作为教学的反例，帮助学生排除错误信息的干扰，更好地理解知识。总之，教师要善于关注学生在学习过程中的表现，正确引导学生的学习方向，促进学生深度学习。

（三）注重教学反思

教学反思是教师对自己教学实践活动的再思考和再认识，它体现为两点：一是教师在完成教学实践活动之后，需要抛开自己的感性认识，用更加理性的眼光看待自己的教学行为，保留好的部分，改进差的部分；二是教师在完成教学实践活动后，需要对自己制作教学设计所参考的教育、心理相关理论、一些教学观念等进行思考和再认识，如果一些理论在实践中出现"水土不服"的状况，教师需要及时更新教学观念，并尝试寻找更加适合的理论作为依据。一堂课结束后，教师要反思的内容有很多。教师要反思自己制作的教学设计是否充分，设计的教学目标是否合适，安排的教学内容和教学活动是否利于学生接受，也要反思教学生成过程是否合理，反思学生在课堂中的参与度等，反思课堂教学是否达到了预期的教学效果，学生在三维教学目标方面是否产生了预期的变化，如果未能达到，又该如何改进教学计划使课堂达到高效，并使学生实现深度学习。

二、学生自评

（一）学生自我评价是促进深度学习的有效途径

如果学生在自我反思与评价方面存在着问题，是不利于深度学习的，相反，当学生能够更好地认识自己，能够充分评价自己的学习情况时，他才更可能在学习过程中占据主动，逐渐成为一位主动的学习者。齐默尔曼认为，自我调节学习可以分为计划、行为或意志控制和自我反思三个阶段。自我反思是自主学习的最后一个阶段，而自我评价是自我反思中的重要组成部分。学生在自我评价时，可以根据自己对数学概念或定理的理解程度、小组讨论活动的参与度和应用知识解决问题的状况等，判断自己是否达到了本节课学习目标的要求。如果学生达到学习目标的要求，会提升学生的自我效能感；如果学生未能达到目标的要求，可以及时发现自己存在的问题与不足，在教师的引导下"对症下药"，进而帮助学生调整学习的方法，培养学生的元认知能力，促进深度学习。

（二）学生自我评价能够帮助教师全面了解学生

虽然教师可以利用提问、练习题和作业等手段了解学生对于知识的掌握程度，但还是会存在学生会做题但不理解知识、知道概念但领会的程度不够等现象，这种现象不太容易外显，这时学生的自我评价就能发挥出它的价值，这是因为学生自我评价体现学生的自我意识，学生哪里理解得充分，哪里没有掌握都可以主动地表达出来，能够充分反映出学生在学习过程中的内部发展情况，可以使教师获取更多的反馈，全面了解学生的学习状况，同时对自己此前针对学生做出的评价进行再认识，从而更好地进行教学活动，促进学生深度学习。

第七章　高中生数学学科核心素养的培养

高中生数学学科核心素养内容包括：数学抽象、逻辑推理、数学建模、直观想象、数学运算、数据分析六个方面。六者既相互独立，又相互交融，构成统一的整体。在教育教学过程中落实立德树人根本任务的一项重要举措就是发展学生的核心素养，高中数学教师应贯彻新时代的教育教学理念，探索适合学生未来发展的教学模式，深入研究数学核心素养，促进学生全面发展，创建高效数学课堂。鉴于篇幅原因，本章只讨论高中生数学抽象、逻辑推理、数学建模和数学运算核心素养的培养策略。

第一节　培养高中生数学抽象核心素养的教学策略

抽象是数学的一个本质特征，也是学生建构数学知识的一个必然过程。比如，由现实生活中的实际问题抽象出经络图，由力抽象出向量，由力的分解与合成抽象出向量的分解与合成等。数学抽象作为数学的基本思想之一，在学生的数学学习中具有举足轻重的作用。在培养高中生数学核心素养的过程中，要促使学生更好地理解数学知识，把握数学本质，以及逐渐养成用数学抽象的思维方式思考问题的习惯，并将其运用到其他学科的学习中。基于数学核心素养视角下的数学抽象，对于学生学习数学具有重要的意义。李尚志认为，抽象是最高的数学核心素养。比如，具体的例子是有招，从具体的例子中得出公式即学到了无招，这就是抽象。故培养学生的数学抽象能力是教师的重要任务之一。下面从数学概念、公理的教学方面，针对如何培养学生的数学抽象核心素养进行阐述与讨论。

一、具体结合感性，感悟抽象内涵

（一）利用概念的过程性，发展学生的数学抽象能力

概念是从一般事物中抽象出的事物的本质特征和属性。所以，形成数学概念的过程，即对不同形式的数学关系进行抽象概括总结，最终抽象概括出一般性的

138

过程。在数学概念教学中，大部分教师选择概念同化教学模式，这种教学模式简洁、有效，并且教学过程简单明了，可以使学生直接获得数学概念。但是这种数学概念教学模式侧重于概念自身的逻辑关系，忽略数学概念所具有的现实背景以及与现实世界的联系，使数学概念的抽象性更高。在数学概念的教学过程中，教师应该注重将概念产生的背景、概念形成的过程与学生的实际生活相联系，回归到学生的现实生活中，让学生能够感受到数学概念的抽象性，至少让学生能够从具体事物的形象出发，这样学生可以更好地构建数学知识。

（二）联系概念产生的背景——以"等差数列概念"为例

在"等差数列概念"的教学中，教科书中给出在现实生活中经常遇到的四个数列模型，这其实就是给出了等差数列的现实背景，以此来让学生感受日常生活中等差数列的广泛应用。通过四个模型得到了四个数列，接下来教科书给学生一定的思考和探索的时间与空间，让他们通过自己的观察发现这四个数列都具有"相邻两项之差为同一个常数"的特点。

通过四个模型得到的四个数列如下：

① 0，5，10，20，25，30。

② 48，53，58，63，68。

③ 18，15.5，13，10.5，8，5.5。

④ 10072，10144，10216，10288，10360。

在教学过程中，教师要充分利用这四个实例，如果有必要可以再补充一些具体的实例，先引导学生逐一观察这四个数列，尝试抽象概括出它们的共同特点。要注意的是，一方面要引导学生观察相邻两项的关系，另一方面要结合对这四个数列的具体探索，让学生发现这四个数列都具有相邻两项之差为同一个常数的特点。最后让学生尝试用自己的语言描述等差数列的特征。

教师给出等差数列的定义，让学生检验自己抽象概括出的等差数列特点是否正确。至此，等差数列的概念，就从具体实例中抽象概括出来了。另外，教师可以让学生尝试用递推公式来描述等差数列的定义，即 $a_{n+1}-a_n=d$（$n=1$，2，3，…），为下面等差数列通项公式的教学做好铺垫。

（三）利用定理的过程性，发展学生的数学抽象能力

概念、定理等的讲解都比较抽象，教师可以先向学生展示大量生活中的具体实例，让学生先有一个直观的感受，再抽象出数学符号或者数学语言，这样学生接受起来就会比较容易了。

　　数学学科的抽象性就导致了它必须以将具体的形式呈现给学生为前提。数学内容的抽象性通常使得人们不容易注意到它们与具体内容之间的联系，所以在教学时教师务必要以翔实的具体内容为重中之重。高中生发展思维的能力正处于从经验型抽象思维慢慢向理论型抽象思维转换的阶段，逻辑思维能力还处于提高阶段，接受能力不足，所以如果完全按照数学学科的精密逻辑性和缜密抽象性去进行教学收效甚微。因此，为了让学生更好地消化一些抽象的概念和命题，教师可以在教学过程中由具体实例启发学生，将直观具体和抽象感性的事物结合起来，罗列一些学生熟悉的例子。

　　在攻克数学抽象问题上，直观感性始终是第一要点。"数"与"形"是描述事物本质的两个重要方面，"数"往往抽象难懂且需要理性思维，"形"一般形象直观。正所谓"数缺形时少直观，形少数时难入微；数形结合百般好，隔离分家万事休"，在高中数学中建立数与形之间的一一相对关系是解决问题的重要手段之一。通过"以形助数"或"以数解形"加上抽象思维与形象思维，能使复杂问题简单化，抽象问题具体化，然后达到优化解题途径的目的。将数学抽象划分为数量与数量关系的抽象、图形与图形关系的抽象和虚拟与现实关系的抽象。

　　数学抽象核心素养不是一朝一夕培养的，由于数学本身的抽象性和数学抽象的综合性，数学抽象在高中数学教材中的体现更是凤毛麟角，这就导致学生难以适应高中数学的抽象部分，没有办法在学习新知识的同时建立它与所学知识之间的联系。这时，教师应该加强引导，制造机会让学生在学习新知识前先巩固相关的前置知识。习题课便是一个很好的平台。教师在讲解前可先给出一道等比数列和解不等式的例题，让学生在经历了一次简单的知识复习之后再来看这道题，这样学生脑海中的图式会更易生成，学生也更能理解建立数列模型的重要意义。

二、注重观察、分析、类比等活动经验的积累

　　数学概念的掌握、数学法则的建立、数学规律的探索、数学定理的归纳、问题策略的提炼往往都需要学生经历完整的抽象活动。教师应该尽可能地引导学生进行观察、分析、类比、猜想、概括，这有助于学生思维的开阔和发散，有助于学生在综合的情境中去构建数学知识与现实世界的模型。观察、分析、类比有多种来源，可以结合具体的情境，可以结合图像，也可以在活动中进行。在具体的课堂教学中，教师可以多开展数学建模活动与数学探究活动，在数学活动中充分调动学生的积极性与自发性，让学生经历抽象的全过程，以培养其数学抽象核心

素养。例如，讲解幂函数、等比数列等抽象概念时均可以引导学生观察、分析、类比得出。

例如，在等比数列的学习中，教师给出数列 1，2，4，8，…，学生观察可发现数列中的各项在不断增大，且每后一项与前一项的比值为 2。再给出数列 1，1/2，1/4，1/8，…，学生又可发现这一数列中各项在减小，每一项都是前一项的一半。此时学生感知、观察、辨别这两个数列的共同属性，发现数列各项在增大或减小，每一项都是前一项的相同倍数。接着教师再列举数列 1，−2，4，−8，…，此数列的各项不是呈规律性的增大或减小，而是像钟摆一样做简谐运动，且每一项与前一项的比值为 −2。归纳、类比、抽象出这三个数列的本质属性，即每一项与前一项的比为一个定常数，且常数比不同，数列单调性不同。此时将等比数列推广到一般，概括形成数学概念，用数学语言表达，看学生能否观察和分析得出等比数列定义所隐含的条件，即各项都不能为 0。练习时可结合实际生活中存在的问题和现象，如细胞分裂、病毒传播、银行利息等，加强学生抽象能力的锻炼和加深学生对等比数列本质属性的理解。

三、结合其他数学核心素养，实现共同繁荣

高中生的认知结构已经进入形式运算阶段，思维发展到可以脱离具体内容和现实的影响，而达到抽象逻辑推理水平。因为数学各个核心素养之间能相互交融，形成一个有机整体，所以在培养数学抽象核心素养的同时结合其他数学核心素养，会产生事半功倍的效果。

（一）数学抽象与数学建模

数学建模就是对现实问题进行数学抽象，用数学语言表达问题，用数学知识与方法建构模型解决问题，通俗来说，就是选取并使用一定的模型对客观现实对象进行分析处理的过程。关于模型，荷兰数学家弗赖登塔尔指出："模型是一个对象的表述性和规定性的体现，人们可以通过具体的模型获得抽象的感性认知。"所谓数学模型，也是这样的一种对事物某种特性的体现，只不过在其建构过程中使用更多的是数学的语言和方法，对现实问题的抽象与简化也更多表现在量的关系上。虽然数学模型只是实际对象的一种近似反映，并且这种反映只能体现在一些数量关系上，但正是这种反映实现了由现实问题向数学问题的转换，为相关数学工具的运用以及实际问题的深化奠定了坚实的基础，因此数学抽象可以被看作数学建模的前提。要想培养高中生的数学抽象核心素养，从重要的模型入手不失为一个好方法。

（二）数学抽象与逻辑推理

数学抽象与数学的逻辑思考能力之间有着密切的关联，如果一个人不具有清晰的逻辑是不可能具备抽象思考能力的，但数学的抽象思考概念又与直观逻辑思维观念有着明显区别。逻辑推理包括推理证明和数、式的演算，而这些形式化的过程与数学抽象密不可分。数学的发展往往是从现实中抽象出最基本的公理体系，按照逻辑推理、演绎证明逐步建立起数学大厦，如欧几里得几何学体现了严密的逻辑思维过程，哥德巴赫猜想、同色三角形问题都是抽象思维的成功典范。教师可将数学文化与数学故事融入课堂教学，让学生在学习知识的同时感悟数学的意义。

（三）数学抽象与数学概括

"概括"是指从某类个别对象中抽取出共同的属性，推广到该类一般化对象，最后形成普遍认识的一种逻辑方法。"概括"是人类思想经验的应用产物，是一种方法、活动和能力。基于数学学科的概括通常是通过减少概念的内涵来扩大概念的外延，由特殊推广到一般，由种概念到属概念，从而建立起数学知识框架的一种思维过程。由此可见，数学抽象与数学概括是有交集的。典型例子是数系的扩充：从自然数、整数、有理数到实数再到复数。每一次的扩充既要包含原来的数集，又要保持原有的运算规律和序的性质。数学概括与数学抽象往往被放在一起阐述，叫作抽象概括，尤其是在教育家谈及数学思维（思维方法、思维过程、思维能力）的时候。虽然数学概括没有作为一种核心素养被单独提出，但现行的高中数学课程标准也明确指出要提高数学抽象概括能力，可见数学概括是很重要的，并且它与数学抽象是相联系的。课堂上，学生需要将新的情境与问题与已学知识相联系，将实际问题抽象成数学问题然后进行解答。在这个过程中，学生的抽象概括能力可以得到充分锻炼。教师在实践中可以多采用变式教学和探究性问题来培养学生的抽象概括能力，从而使学生的数学抽象核心素养也得到提升。

综上所述，每一种核心素养的形成其实和数学抽象素养的发展是同步的，在注重数学抽象能力的同时需要关注其他数学核心素养的形成。

（四）基于数学抽象核心素养的高中教学设计

教学设计是指教师为达成一定的教学目标，对教学活动进行系统规划的一门设计科学，是在课前对教学过程做的准备工作的设计规划。基于数学抽象核心素养的教学设计致力于解决教什么、怎样教的问题，就横向来看，学生的数学抽象是需要将某个目标作为导向的，目标如何来？教师创设恰当的情境，使学生感知和识别对象的外部属性，然后把这种具有不变性的要素属性分离出来，构建具备某种属性的模型，实现对象的分离和纯化，突出本质特征；在此基础上把这种分离出来的属性一般化为某一类或特殊化成某一种，用数学符号和数学语言予以表征；与此同时，教师将学生自主表征出的概念或定理规范化，进行归纳总结，使学生进行意义建构；最后，在教师的指导下，学生用逻辑方法建立知识之间的联系，达到抽象出属性的目的，形成数学系统。以平面向量概念的抽象为例，首先教师给出情境：人的重力是垂直于水平面的，那么这种量具有什么特点？学生感知情境，识别到与物理中的矢量类似，并分离出其本质特征——具有方向的线段；接着把箭头抽象成为一点，可以发现这种量既有线段长度，又有方向，突出了本质；把线段长抽象为一点，则该量长度为 0；保证两个线段长度相同，方向相同，则二者平行……学生给出定义和表征，教师在此基础上归纳总结，给出平面向量既有方向又有大小的概念，并用数学符号 a 将其简约化。同时，也可以用起点指向终点的方法表示为 $\overrightarrow{OA}$；最后，学生梳理整合平面向量的概念及其相关性质，教师在此基础上进行变式训练，促进学生用逻辑推理得到相关知识体系。

第二节　培养高中生逻辑推理核心素养的教学策略

一、高中生逻辑推理核心素养的培养建议

（一）注重学生身心发展，遵循循序渐进原则

学习过程是一系列复杂的身心内部加工过程，学习结果是身心状态的积极转变。为了使学生快乐学习、全面发展，教师可做如下工作。

第一，加强对心理学、教育学等知识的学习，站在学生的心理需求上，考虑学生的年龄特征来合理组织教学，降低学生的畏难情绪，使之较快理解并接受所学知识，从而提高学生的数学学习能力。

例如，在讲解"一元二次不等式及其解法"这一内容时，教师可从较为简单且学生更为熟悉的一元一次不等式进行导入，在学生理清一次函数的图像、一元一次方程与一元一次不等式之间的联系的基础上，再将问题引申到一元二次不等式上，并引导学生将两者进行类比，探讨二次函数的图像、一元二次方程以及一元二次不等式之间存在着哪些联系，进而使学生轻松快乐地理解并掌握"一元二次不等式及其解法"这部分内容。

第二，数学的研究对象是具有高度抽象性的数和形，数学学习中所涉及的基本概念、定义、定理等往往也比较抽象，学生对它们的理解一般是逐步加深的，不能一蹴而就。同样，学生的数学学习能力，尤其是逻辑推理能力也不是与生俱来的，是需要长期培养并逐步提高的。为此，教师在教学中应充分考虑数学学科的特点以及学生的基本情况，重视学生学习的过程，不断激励学生学习，鼓励学生猜想，提高其学习兴趣，增强其自信。

第三，加强学生的心理疏导工作，使学生积极面对现有学习状态，并对学生的行为与表现给予适当评价与指导，尤其是对学生的良好表现或行为要给予及时的肯定与褒奖。

（二）合理使用数学教材，充分发挥教材功能

数学教材是数学基础知识的载体，在教学实践中，为更好地培养学生的逻辑推理能力，教师以及学生有必要在教材上多下功夫，通过对数学教材内容的挖掘来找到培养逻辑推理能力的切入点，充分发挥数学教材的功能。对此，有以下四方面是值得注意的。

第一，教师应引导学生养成阅读数学教材的习惯，通过阅读挖掘课本中的隐含知识，并提醒学生注意教材中数学符号的规范使用，培养和提高学生的文字表达能力。

第二，教师与学生一起分析研究教材中的主要例题，抓住课本例题的本质，加深学生对基础概念、公式、定理的理解，培养学生发现问题、解决问题的能力。

第三，教师定期对所讲知识进行深入浅出的归纳，使学生更为深刻地理解所学知识，提高推理能力。例如，在讲解完三角函数这部分知识后，对所讲知识点及其之间的联系、思想方法、解题规律以及注意事项等进行系统归纳。

第四，充分挖掘并领悟教材中所涉及的推理方法，真正理解逻辑推理，以便提高逻辑推理能力。例如，对于"平面向量的线性运算"可通过联想类比"数的运算"得出相应结论，然后再对其进行证明，判断是否成立。

（三）合理把握课堂教学，引导学生积极思考

"教会年轻人思考"是波利亚长期坚定的信念。据此，教师在课堂教学中应正确引导学生积极思考，培养学生有益的思维方式和习惯，帮助学生形成必备品格和关键能力。具体来说，教师可从以下五方面入手。

第一，数学教师除了要教给学生一定的数学知识，还应当教会学生如何思考，锻炼学生的创造性思维，培养学生良好的思维习惯，为学生的可持续发展和终身

学习创造条件、做好准备。

第二，注重启发式教学，力图让学生形成初步认识—探索—猜想—证明的思维习惯。并有意识地增加课堂提问概率，且要根据学生的学习程度来分层次地提问，观察课堂上学生的表现，针对学生可能出现的问题和错误，及时进行正确的引导与剖析。如此安排课堂教学，一方面可以使学生真正理解数学知识，抓住问题本质，再遇到类似的问题时就会明白如何进行推理解答；另一方面可以使学生养成良好的学习习惯——善于反思、体验过程、领悟规律，从而有利于学生的反思、概括、推理以及表达能力的培养，提高学生学习数学的自信心。

第三，在课堂教学过程中，教师要给学生树立好榜样，在讲解知识时要做到思路清晰，逻辑严谨，无形中培养学生思考缜密、言之有据的良好习惯。

第四，针对数学逻辑推理模块内容的教学，一方面，教师应将重心放在学生推理思维的养成上，而不是仅仅强调推理书写形式的训练，并在解决问题的表述上逐渐要求"步骤完整，理由充足"；另一方面，针对学生解题过程中出现的逻辑错误，教师必须及时纠正。长此以往，学生会逐渐养成严谨思考和严谨推理的习惯，终身受益。

第五，教师在讲授新课时，有必要先引导学生回忆已学知识，使学生能够在已学知识的基础上猜测新知识的内容、结构、研究方法等，进而激发学生的学习热情，提高学生学习的积极性。例如，在讲"概率的基本性质"这部分内容时，教师先带领学生回顾集合的相关知识，搭建新旧知识之间的桥梁，寻找两者之间的联系，进而可使学生更好地理解、掌握概率的基本性质。这样的类比教学过程，不仅能够激发学生的学习热情，使学生能想、敢想，提高自信心，同时还可加深学生对新旧知识的记忆，使其真正理解知识内涵，对学生逻辑推理能力的培养也是十分有利的。

总之，在教学中教师要深刻把握人才培养要求，把握教学的深度和广度，重视学生逻辑推理能力的培养，从而更好地实现教与考的对接协调，方便教，方便学，方便考。

（四）加强数学解题研究，提高学生解题效率

在数学解题过程中，如果各步推理都有充分的依据，又遵守相应的逻辑规则，那么题解必定正确。为培养学生的逻辑推理能力，提高学生的解题正确率，教师应做到以下四点。

第一，加强对课标、考纲、教材及历年高考试题的研究，在指导学生进行解

题练习时尽量避开题海战术，通过研究总结明确高考试题的出题方向，了解出题意向，明白所要考查的知识内容，善于进行归类分析。

第二，留心关注高考对核心素养的考查，特别是逻辑推理能力的相关试题，在对学生的日常作业和课堂练习题的编排上紧抓创新性，尽可能保证试题少而精，这对教师教学效率以及学生学习效率的提高有很大的帮助。

第三，无形中给学生进行思想灌输，通过习题讲解让学生明白数学推理试题考什么及如何考，减少学生做题的盲目性，并提醒学生及时记录易错题和一些经典试题，在建立不同类型逻辑推理试题的答题模板基础上做到走出模板、善于应变，使学生学得快，学得好。

第四，要求学生准备一个错题本，并经常提醒学生合理利用错题本，定期回顾错题本上的题，树立正确的"错误观"，使错误变成一种"财富"，同时可使学生养成积极进取、不屈不挠的心理品质，从而利于学生数学推理能力的培养。

二、高中生数学逻辑推理核心素养的培养策略

数学具有严密的逻辑性，这就要求学生学习数学要具有较强的逻辑推理能力，培养逻辑推理能力也是学生建构数学知识的一个必然过程。逻辑推理是高中数学核心素养六要素之一，在培养高中生逻辑推理核心素养的过程中，要培养学生发现问题及提出命题的能力；使学生掌握推理形式，以及学会用数学语言表述论证的过程；使学生掌握数学知识之间的脉络以及能够建构数学知识框架；使学生能够形成有论据、条理清晰、逻辑严谨的数学思维品质，增强学生的数学交流能力。

（一）逻辑推理之合情推理

合情推理是从特殊到一般的推理，主要推理形式有类比、归纳。合情推理强调的思维形式是观察、类比、猜想、实验等，建立联系，使学生形成运用逻辑推理的意识。比如，"数列"这一章的教学设计过程就运用了合情推理。

1. 类比探索，归纳特点

通过类比探索，归纳出每一个数列的通项公式。那么如何推广到一般的等差数列呢？等差数列的通项公式是我们根据等差数列的概念通过归纳的方式得出的。在教学过程中，要引导学生根据等差数列的概念进行归纳。

至此，可以让学生自己猜想通项公式会是什么，并让学生体会观察、归纳、猜想在得出新结论中的作用。

2. 实施解决，检验猜想

学生得出的公式只是一个猜想，通项公式的得出还需要通过严格的证明来检验。在教学过程中，教无定法，贵在得法。在教学实践中，教师应根据具体情况灵活运用教学方法，以此来不断提高学生的合情推理能力。

（二）逻辑推理之演绎推理

演绎推理是指从一般到特殊或个别的推理方法。只要前提可靠，用演绎推理推得的结论就是完全可靠的，演绎推理是一种严格的推理方法。比如，三段论推理就是演绎推理的一种，三段论推理是指从某类事物的全称判断——大前提，特称判断——小前提，得出一个新的、较小的全称或特称判断——结论的推理。三段论的基本结构如下：

大前提 M 是 P，小前提 S 是 M→结论 S 是 P；

大前提 M 不是 P，小前提 S 是 M→结论 S 不是 P。

其中，P 称为大项，M 称为中项，S 称为小项，中项是媒介，在结论中不出现。三段论的依据是下面这个不证自明的公理，也称三段论公理：一类事物的全部是什么或者不是什么，那么这类事物中的部分也是什么或不是什么。

一般在实际的推理过程中，三段论中的大前提都省略，这会使学生体会不到其中的三段论推理。

（三）数学逻辑推理能力的培养策略

数学逻辑推理是学生学习数学、进行思考的基本能力，对于学生数学逻辑推理能力的培养，可以从以下两个方面进行。

1. 加强数学活动的过程教学，提高学生的合情推理能力

教师可以通过创设相应的教学情境，或者适当的学习活动，尽可能使学生亲身体验数学概念的形成过程；还可以通过精心设计和组织教学过程，引导学生积极主动地参与到公式、定理、法则、性质的发现、探索及推导的过程中；也可以在习题课中，通过暴露解题的思考过程，解释自己在解题过程中思路受阻及产生错误后是如何调整思维方式的，帮助学生逐步掌握探索的方法以及解题的规律，培养和发展学生自我调控的能力。

2. 进行演绎推理的训练，提高学生的演绎推理能力

（1）结合具体教学内容，介绍或讲授一些必要的逻辑知识

掌握一定的逻辑知识，对于培养与发展学生的逻辑推理能力具有重要意义。

如果学生缺少逻辑知识，那么对于数学内容中含有的逻辑成分就理解不透彻，在这种情况下学生去学习推理往往只是照本宣科地使用逻辑法则，有时还会发生逻辑错误，妨碍自身逻辑思维和逻辑推理能力的发展。所以，让学生学习和掌握一定的逻辑知识，可以帮助学生形成自觉使用逻辑规则的习惯，减少或者避免逻辑错误的发生，提高学生的逻辑思维能力与推理能力，对于培养与发展学生的逻辑思维能力和演绎推理能力也是具有重要意义的。

（2）在运算中培养学生的逻辑推理能力

学生在学习代数这部分内容时，可以认识到"运算也是推理"。教师应强调不要只是记忆运算的步骤，而是要理解和掌握运算的依据，这不仅有利于提高运算的准确性，还有利于学生逻辑推理能力的培养；还要强调把计算步骤与运算依据结合起来，培养学生"说理"的习惯和能力，从而提高学生的逻辑推理能力。

（3）有层次、分阶段地培养学生的逻辑推理能力

在平面几何的教与学的起始阶段，教师可以通过对直线与线段以及角等基本概念的教学，训练学生依据直观图形做出言必有据的判断；再通过对相交线、平行线、三角形等有关内容的教与学，训练学生根据条件推出结论，会用数学符号表示命题的条件和结论，使学生掌握证明的步骤以及格式；进而在全等三角形的教与学之后，训练学生进行完整的推理论证，使学生逐步掌握推理技能；再在上述基础之上，进行复制问题论证的训练，培养和发展学生的逻辑思维能力和逻辑推理能力。

第三节　培养高中生直观想象核心素养的教学策略

《普通高中数学课程标准（2017 年版 2020 年修订）》指出，直观想象是借助几何直观和空间想象感知事物的形态与变化，即直观想象素养是基于直观所获得感性认识而展开想象，其中想象是对客观事物几何形式的抽象思维活动。直观想象是高中数学核心素养六要素之一，在培养高中生直观想象核心素养的过程中要培养学生几何直观以及空间想象能力，增强学生运用图形和空间想象思考问题的意识，逐步提升学生的数形结合能力，以及感悟事物本质的能力，培养学生的创新思维。

一、注重应用情境创设，关注学习信心的建立

在"向量与几何"知识的学习中，向量工具的"双重性"，立体几何的空间抽象性，解析几何的运算繁杂性……无不让许多学生望而生畏，学生在学习过程中常常感觉接受难度大，失去解决问题的信心与勇气。

以平面解析几何为例，解析几何是渗透数形结合思想的主要模块，其中圆锥曲线更是揭示几何直观的重要知识载体，然而由于应试教育的影响，圆锥曲线在实际教学过程中往往沦为题海战术的"主战场"，再加上大量繁杂的运算，圆锥曲线也成为学生丧失学习信心的"重灾区"。学生在该部分普遍失分较多，测试后学生的反馈也反映出学生在解决解析几何问题上普遍有畏难情绪。

弗赖登塔尔说："数学来源于现实，必须扎根于现实，并且应用于现实。"题海战术往往造成学生只会"纸上谈兵"，将知识与生活实际相割裂，失去学习数学的兴趣与信心，因此教师在教学中要关注学生学习信心的建立，注重创设知识的应用情境。

例如，对于圆锥曲线中椭圆的教学，需要注重其应用价值，可以以著名的"西西里岛窃听者的故事"引入，揭示椭圆中的光学性质：从椭圆的一个焦点发出的声波，经椭圆反射后都汇集到另一个焦点。由此激发学生对椭圆焦点、法线等位置关系的好奇及兴趣，引导学生感受圆锥曲线中的无限乐趣与奥秘，体会椭圆中的几何直观，感受椭圆在实际生活中的应用，克服谈"圆锥"色变的畏难心理，引导学生学会"用数学的眼光观察世界"。

二、注重信息技术的运用，深化概念本质的理解

数学概念是构建数学大厦的基石，理解概念的本质是正确思维的重要保证，不同于函数知识中的许多过程性概念，在"向量与几何"知识中，许多概念皆是图形概念与关系概念，例如，空间中柱、锥、台、球等几何体的图形概念，点与线、线与面、面与面等位置关系的关系概念。对于这些概念的理解无不伴随着几何图式，一方面这些图式的直观表象有助于学生理解与记忆相关概念，另一方面若表象失真则往往造成学生对概念一知半解、似懂非懂，甚至混淆概念。部分学生由于对空间直线与平面夹角的概念理解产生偏差而失分，这也在一定程度上反映了学生利用直观想象理解概念的能力较为欠缺。

对于概念的理解，重点在于对其本质的理解。对于"向量与几何"知识中大量的图形概念，教师在教学过程中更要关注学生"空间感知—空间表象—空间想象"这一过程的建立。在"互联网+"时代，教师可通过现代信息技术（如

几何画板）的使用，积极创设条件，促进学生在直观感知的基础上深化对概念本质的理解。

例如，在立体几何中"直线与平面的夹角"的学习是促进学生空间想象力发展的一个重要知识载体，然而对其概念"斜线和它在平面上的射影的夹角称为斜线和平面的夹角"的理解，学生往往会产生错误的图形表象而存在偏颇。鉴于此，教师在教学过程中可借助几何画板等信息技术的应用，帮助学生从竖直平面、水平平面、倾斜平面等不同角度动态地认识直线与平面的夹角，通过动态的过程演示静态抽象的夹角概念，化静为动，深化学生对"直线与平面的夹角"这一概念的理解。

这样学生对"直线与平面的夹角"的概念就有了较为深刻的理解，在此基础上，教师还可以进一步引导学生思考：过斜线上一点的直线在平面 α 内的射影有几种情况？两条平行直线在同一个平面内的射影可能是哪些图形？两条异面直线在一个平面的射影的可能情况是什么？通过构造问题串发散学生的思维，激发学生的学习兴趣，并给予学生充裕的时间用数学语言讨论交流。最后，综合学生的交流讨论过程。教师可借助几何画板给出总结，深化学生对射影以及线面夹角概念本质的理解，引导学生会"用数学的思维分析世界"。

三、注重数学语言互译，加强数形结合思想的渗透

建立数与形的联系是直观想象核心素养的重要组成部分，数形结合思想渗透于"向量与几何"知识的各个领域，如向量线性运算的几何意义与代数意义的对应、空间向量与立体几何中数与形的对应、解析几何中曲线与方程的对应，无不蕴含着数形结合的思想。

数形结合思想本质上是代数表示与图形表示的相互转化，即数学语言之间的转换。数学语言是数学思维的重要载体，它包括符号语言、文字语言以及图形语言，这三种语言以不同形态表征同一个知识内容，在数学学习过程中，这三种语言相互对应，共同促进学生对于数学的理解，提高"翻译"三种语言的能力是提高数形结合能力的前提保证。

鉴于此，教师在教学过程中，应注重培养学生三种语言互译的能力，引导学生全面地认识形与数之间的对应，由几何直观揭示代数性质，由代数表示几何图形的结构特征。

例如，学习立体几何核心定理之一的三垂线定理时，如何把握垂线、射影、直线三者的关系一直是困扰学生的知识难点，因此教师在教学过程中可引导学生

用不同数学语言来表征定理中所涉及的四条直线与一个平面的关系，从而加强学生对数形结合思想的渗透。

文字语言：平面内的一条直线，如果与穿过这个平面的一条斜线在该平面上的射影垂直，则它和斜线垂直。

符号语言：

$OA \perp \alpha$,

$AB \in \alpha$,

$l \in \alpha$,

$AB \perp l$,

最后得：$OB \perp l$。

通过熟练转化语言，结合三垂线定理的逆定理，直观感知三垂线中一个平面、m 个垂直关系以及四条直线之间的关系，并内化为数学语言与图形表象，从而促进学生透彻理解三垂线定理。德国数学家希尔伯特说："算术记号是写下来的图形，几何图形是画下来的公式。"因此，在教学过程中，教师要关注学生"由图读数"和"为数配图"能力的培养，强化学生数学语言互译的训练，加强数形结合思想的渗透，由此构建数与形的联系，进而提升学生的直观想象核心素养。

四、注重实物模型演示，增进空间想象能力的发展

空间想象能力是直观想象核心素养的重要组成部分，空间想象能力的培养是学生直观想象核心素养水平提升的前提保障。空间想象能力是人们的抽象思维品质，而众所周知的是，形象化的实物模型对于抽象的几何概念的学习有着举足轻重的作用。因此，在教学过程中，教师要注重借助实物模型，促进学生对空间几何体的认识，历经直观感知—直观表象—直观想象的过程，从而发展学生的空间想象能力。

以"空间几何体的三视图"为例，就知识层面而言，空间几何体的三视图是平面图形，它是用二维平面图形来刻画几何体的结构特征的一种形式。其中，三视图与几何体的相互转化，即利用简单几何体得到三视图以及根据三视图还原得到几何体这一"双向"的过程，更是将直观想象核心素养体现得淋漓尽致。

对于三视图的教学，首先，教师可通过"猜谜游戏"，即教师准备一个简单几何体的实物模型，并用纸遮挡起来，依次给出几何体的正视图、侧视图、俯视图，引导学生猜出该几何体的名称，激发学生的求知欲；其次，教师可通过构建长方体模型，根据三种不同的投影视角引出三视图的定义，并引导学生观

察不规则图形，做出其三视图，促进学生从三维到二维空间想象能力的培养；再次，将简单几何体的三视图通过变换放置方式的形式，引导学生想象其直观图，培养学生从二维到三维的空间想象能力；最后，引导学生联系生活实际，动手制作生活中实物的几何体模型，并画出该组合体的三视图。学生通过从实物模型中抽象出空间几何图形，进一步将高维立体图形转化为低维三视图，这一过程增进了学生空间想象能力和数学抽象能力的发展，由此促进学生直观想象核心素养的发展。

五、注重数学表达训练，促进数学交流能力的培养

培养学生的数学核心素养，不仅需要注重学生知识与技能的培养，更需要注重学生表达与交流能力的培养，学生形成会"看数学"、会"读数学"、会"写数学"和会"讨论数学"的能力对于学生数学核心素养的提升是至关重要的。通过表达与交流，学生可以加深对数学的认识与理解，丰富认知的外延，感悟数学语言的简洁美。因此，在教学过程中，教师要给予学生充分表达自己的机会，注重学生规范化数学表达的训练。

例如，在"平面向量的概念"教学中，由于平面向量是抽象的自由向量，首先，教师应充分调动学生的主观能动性，通过物理的力、速度等具体模型引出向量概念，引导学生用规范化的数学语言表达向量的几何意义与代数意义；其次，基于向量的物理意义，教师应引导学生进行建模活动，运用数学语言，表述建模过程中的问题以及问题解决的过程与结果，形成研究报告，并进行交流；最后，教师应组织学生收集向量的发展史，撰写关于"向量及其符号"小论文，将数学文化融入数学知识中，丰富学生对于向量内涵的理解与认识。教师可通过一系列数学表达的规范化训练，促进学生数学交流能力的培养，引导学生会"用数学的语言表达世界"。

第四节　培养高中生数学运算核心素养的教学策略

数学运算是高中数学核心素养六要素之一，它主要包括：使学生能够理解数学运算的对象，理解和掌握数学运算法则，探究数学运算方向，并能够根据不同的问题选择相应的数学运算方法，设计程序，求得结果等。在培养高中生数学运算核心素养的过程中，要培养学生进一步发展数学运算能力，运用数学运算方法

解决现实生活中实际问题的能力，发展学生的数学思维，使学生养成严谨求实的科学态度。

一、明确数学运算的对象

明确运算的对象，是快速准确进行数学运算的关键。明确运算的对象，可对运算的方向和路径的确定起保障作用。因此，在高中数学运算核心素养的培养中，首先要训练学生对运算对象的把握。

例：设 $a \in \mathbf{R}$，若 $x > 0$ 时均有（$ax-1$）$[x^2-(a+1)x-1] \geqslant 0$，求实数 a 的值为多少？

如果以解不等式的方式来进行运算，需要进行分类讨论，中间环节比较复杂，运算起来比较麻烦。但是，如果把运算的对象确定为函数，运算起来就容易多了。仔细审题，我们可以发现，不等式的左边是两个因式相乘的形式，把这两个因式看作对应的函数，就可以将不等式与函数相结合，这样就有一个直观的认识，运算起来相对比较简便。

解析：令 $f(x) = ax - 1$，$g(x) = x^2 - (a+1)x - 1$。

由其根式解可知，$g(x)$ 的两个零点 $x_1 < 0 < x_2$。

根据几何图形判断：

只有当 $a > 0$ 且 $f(x)$ 的零点也为 x_2 时不等式恒成立。

将 $x_2 = \dfrac{1}{a}$ 代入 $g(x) = 0$ 中，

得 $\dfrac{1}{a^2} - (a+1)\dfrac{1}{a} - 1 = 0$，

解得 $a = \dfrac{1}{2}$。

二、理解和掌握数学运算法则

理解和掌握数学运算法则是逐步形成运算技能、发展运算能力的基础。在数学教学中，教师对于运算法则的讲授要透彻、清晰，以利于学生理解和掌握。只有掌握了数学运算法则等相关知识，才能使学生在进行运算时明确运算的方向，开阔思路。掌握运算法则是为进行运算提供依据，也是保障正确运算的前提。数学运算法则的掌握，离不开对一些基本概念的理解与运用。

例：已知数列 $\{b_n\}$ 是等比数列，S_n 是它的前 n 项和，若 S_{n+1}，S_n，S_{n+2} 成等差数列，求公比 q 的值为多少？

解析: 因为 S_{n+1}, S_n, S_{n+2} 成等差数列,

所以, $2S_n = S_{n+1} + S_{n+2} = S_n + b_{n+1} + S_n + b_{n+1} + b_{n+2}$,

即 $0 = b_{n+1} + b_{n+1} + b_{n+2}$, $q = -2$。

此题利用了数列前 n 项和的定义,过程简明,考查了对定义的理解与掌握。

数学运算法则的掌握,除了离不开对一些基本概念的理解与运用,还需要学生理解与掌握一些典型问题的结论和方法。

三、使学生掌握数学运算的程序性

数学运算具有一定的程序性,学生如果没有掌握数学运算的程序性,就不能合理完成数学运算。

例如,在利用三角函数的诱导公式求任意角的三角函数值的过程中,首先,利用三角函数的诱导公式 $2k\pi + \alpha$ ($k \in \mathbf{Z}$) 将任意负角的三角函数转化为正角的三角函数,再利用"$-2k\pi + \alpha$ ($k \in \mathbf{Z}$)"公式,将其转化为 $0 \sim \dfrac{\pi}{2}$ 的负角函数。

掌握运算的程序,就相当于摸清了运算的规律,这样进行数学运算时就提高了运算的合理性及自觉性,有利于学生数学运算核心素养的培养。

第八章　高中数学教师的专业化发展

信息技术突飞猛进，其应用更是迅速渗透到社会的各个领域。如何提高信息技术的应用能力、促进教师专业成长？通过"拓展培训渠道，借助博客、网站等网络平台，构建'和谐高效，思维对话'型课堂"等实践活动，可以使每位教师的信息技术能力有很大的提升。如何在浩如烟海、漫无边际的信息中获取所需的有用信息，如何对有用信息进行有效的加工、处理，如何利用现代信息技术进行高效率、高质量的学习，成为对教师、学生发展至关重要的问题。毋庸置疑，信息技术已成为公民必须具备的基本素质之一。

随着科学技术的发展、课程改革的实施，信息技术已逐步深入课堂教学中；但是，欲把信息技术融入课堂教学，为课堂教学带来质的变化，就离不开教师的专业化发展。教师必须实现角色转换，提升自身素养；不断提高和完善自我专业精神、专业知识、专业能力、专业理论及自我专业意识等各方面的专业发展。

第一节　教师专业化发展的理论基础

一、数学教师专业化发展含义

随着应试教育向素质教育转轨，基础教育课程改革已全面启动，数学教师素质与课程教学要求严重不适应，已成为当前基础教育课程改革的主要问题。数学教师素质的不足，对我们现行的教师培养模式提出了严峻挑战。立足教师专业化发展，改革教师培养模式，培养创新型数学教师是当前教师数学教育专业基础教育改革的核心所在。

如何实现数学教师的专业化发展，应该结合高中数学基础教育改革对数学教师的要求，以及教师专业化发展的内在需求来进行分析。

首先，高中数学基础教育改革以下面四个教育理念为根本：一是以学生发展为本的中心观念；二是体现有价值的数学、现实生活中的数学；三是改革数学教师教学方式与学生学习方式；四是建立多元化的评价体系。从教育理念来看，数学教师的角色将发生很大的改变，即由过去的传授者变为引导者，变为学生数学学习的帮助者，而不是高高在上的知识掌握者、教育过程中的主宰者。数学教师的作用，是把数学科学转移为基础教育的数学学科或课程，即把学术形态的知识转换为教育形态的知识，再把基础教育的数学学科或课程转换为学生的数学科学知识，即把教育形态的数学知识转换为学生自身建构而成的数学知识。因此，从这个角度来看，数学教师要具有足够的数学学科的知识，要理解数学知识的本质，并且要具有相应的教育学、心理学知识，才能实现这两者之间的转换。教师要站在学生学习的角度，要了解教师眼中的数学知识与学生眼中的数学知识、学生自身固有的数学知识之间的差异，要努力搭建这几者之间的桥梁。这些需要通过学习数学知识、数学哲学、学生学习心理学等方面的知识才能完成。

其次，高中数学课程改革提供了"精英数学"向"大众数学"教育目标的转换，既然不是以学科知识传授为主，那么就要求教师具有更深层次的教与学的知识，要求数学教师是一个现实数学教育中的研究者。地方课程、校本课程要求数学教师是一个教材编制者与设计者，是生活中的数学发现者、研究者，而综合课程、探索性问题学习同样要求数学教师是一个综合素质者，是一个发现教育问题、解决教育问题的研究者。

最后，数学教师专业化发展，则要求数学教师内在专业结构不断更新、演进和丰富，要求具有自我专业发展意识，关注自己的教师专业发展，对自己的专业发展负责，进行反思性教学，实现数学教师的自我成长。

二、教师专业化发展模式

新课程改革的浪潮逐渐推进，在新课程改革下，高中数学教学专业化发展需要与时俱进，不断提升教师自身专业素养，为更好地培养数学人才奠定基础。为促进高中数学教师专业化发展，我们主要分析了高中数学教师专业化发展的几种模式。

（一）自我学习，丰富和更新知识

高中数学教师需要不断完善自身知识结构，为专业发展提供源头动力。数学教师的理论学习是获得专业化发展的关键途径，通过对数学专业、教育学、心理学等学科的不断深入研究，实现对教育价值观、知识结构、知识层次的自我更新，不断提升教师的教学技能和素质，成长为专家型的教学人才。理论自我学习分为数学专业知识与教育理论知识学习两个部分。一是更新与丰富数学专业知识，完善数学专业知识结构。关注数学科学前沿知识与发展动态，了解科技新发现和新成果，关注科技前沿中的应用现状，吸收新知识、新理念、新规律，如航天航空的发展应用到哪些数学、物理、化学知识，最新天气预报方法对物理、数学知识的运用等。二是主动学习教学理论知识，提升教学理论素养。除了专业知识以外，教学理论也需要更新，新数学课程在教学结构、教学内容、教学评价、教学展开等很多方面发生了很大变化，为了适应新时期的教学需要，教师需要丰富自身教学理论，完善教学行为，提升教学质量，仔细阅读教育学、心理学等相关知识，查阅重要的教育学书籍，以获取数学教学改革前沿信息，研究新理论，不断提升自身教学理论素养。

（二）课堂教学，发展实践智慧

教学课堂是数学专业知识和教学理论知识应用和实践的场所。在实施教学过程中，教师需要努力践行新课改教学理念，以学生为本、因材施教，认真分析课堂教学内容、教学目标、教学方案，做好备课、教授与评价。重视第二课堂的教学引导过程，不断地在实践教学过程中提升自身教学技能、积累教学经验，总结新方法。高中数学教学实践需要重视教学中与其他学科知识的融会贯通，注意数学与物理、化学、信息技术等知识的融合，如物理课程中物体在做匀速运动时距离和时间之间可以建立一次函数关系、匀加速运动与数学中的二次函数图像相关联。数学教师要具有学科融合的思想，引导学生融会贯通，开阔学生视野。为了获得高质量的教学效果，教师需要重视教学的实践过程，尤其需要重视以下几方面：准确理解高中数学知识；准确把握高中数学教学目标；合理设计与运用教学策略；对高中数学教学活动进行科学规划与实施；正确反馈、评价与分析教学效果；等等。在课堂中让自己的专业知识不断得到发展，在实践中获得真知灼见，增加智慧。

（三）校本研修，提高教学研究水平

校本研修是学校组织与规划，以学校教师发展为目标，围绕教学实际问题，以提升教师的教研能力、教学能力，促进教师专业发展为目标的教学研究形式，为数学教师专业发展提供了重要保障。校本研修为教师的专业化发展提供了一个良好的活动平台，活动形式有课例研究、教育叙事研究、课题研究、教研活动等。

（四）内外交流，发展专业水平

专业引领是教师专业发展的重要途径之一，需要专家的理论和实践指导与帮助。这里的专家指数学科研院所或高等专业提供代写和发表论文服务的教师，师范院校专家，或者是校内外的一线专家教师。专业引领其实就是专家学者与一线教师关于教学理论与教学实践的对话，其主要形式有学术报告、教学现场指导、理论辅导、合作研究等。

总之，在高中数学教师的专业化发展模式中，教师要从自身实际出发，重视对自身数学核心素养的提升，不断丰富自身理论基础知识，强化教学实践，重视理论学习与教学实践的融合与统一，通过理论学习来完善教学思想、指导教学行为，通过教学实践反思理论与实际的出入，有效探讨出适合现阶段高中数学的教学模式。

三、信息技术促进教师专业化发展的理论基础

（一）社会建构主义理论

针对数学学习的认知过程，强调用建构主义思想指导高中数学教学。建构主义教学模式强调以学生为中心，视学生为认知的主体。学生是知识的主动建构者，教师只对学生的意义建构起帮助和促进作用。让学生在知识的合理建构中充分享受好的数学教育及其具有的生动内涵。建构主义的教学观正是要求教师充分发挥高中生的特点，让学生组织、让学生自己做数学、让学生体会其中的兴趣。

整个数学学习过程经历了由新的数学学习内容到原有数学认知结构的输入阶段，由原有数学认知结构到产生新的数学认知结构雏形的相互作用阶段，由产生新的数学认知结构雏形到初步形成新的数学认知结构的操作阶段，由初步形成新的数学认知结构到形成新的数学认知结构、达到预期目标的输出阶段，而这四个阶段中的任一阶段的学习出了问题，都会影响数学学习的质量。由上述数学学习一般过程的认知理论可见，数学学习并非一个被动的接受过程，而是一个主动的建构过程。任何数学知识的获得都必须经历"建构"这样一个由"外"到"内"的转化过程。因此，提高教师教育教学理念，用建构主义的思想指导高中数学教学势在必行。

1. 建构主义的数学观

数学不是静态的，而是动态的。数学学习活动应由学生独立进行，教师的指导应体现在为学生创设情境、启迪思维、引导方向上。引导学生自己去做，就必然出现学生经常不用讲的或课本上现成的方法去解答问题的现象，一解对了，当

然好，说明学生对基本原理真的懂了。建构主义认为数学学习并不是简单的信息积累，它包含由于新旧经验的冲突而引发的观念转变和结构重组，学习过程是新旧经验反复的、双向的相互作用过程。由此可以推断出，学习是一个主动建构的过程，学习者不是被动地吸收信息，而是主动地建构信息。这里的建构一方面是对新信息意义的建构，另一方面包含对原有经验的改造或重组。学习者以自己的方式建构对事物的理解，因而世界上不存在唯一标准的理解，教师应允许学生在思考的过程中产生歧义，每个学习者并不是空着脑袋走进教室的。在日常生活和学习过程中，学习者已经形成了相当的经验，每个人都以自己的方式看待事物。因此，教学不能无视学生的这些经验，而是要把学生现有的知识经验作为新知识的增长点，引导学生从原有的知识经验中"生长"出新的知识经验。进而在知识的建构中不断提取正确的信息，使理解更加丰富和全面。例如，平面几何的角平分线性质定理的证明除了三角形相似、对应线段成比例证明，还可以应用等积法证明，这完全取决于新旧知识点的建构。

2. 建构主义的学习观

在实际数学教学中，我们常常会发现这样的现象，教师总是一个劲地抱怨：学生连课堂上讲过的一模一样的习题都做不出来。这里可以依据建构主义观点做如下的分析：建构主义认为学生学习活动的本质是，学习不应看成对于教师所授予的知识的被动接受，而是一个以学生已有的知识和经验为基础的、社会的建构过程。我们对学生"理解"或"消化"数学知识的真正含义获得了新的解释，"理解"并不是指学生弄清教师的本意，而是指学生已有的知识和经验对教师所讲的内容重新加以解释、重新建构其意义，它只是表明学生自己认为"我通过了"。因此，我们不难理解学生所学到的往往并非教师所教的这一"残酷"事实。例如在数学教学中最常见的表现是，教师尽管在课堂上讲解得头头是道，学生对此却充耳不闻；教师在课堂上详细分析过的数学习题，学生在作业或测验中仍然可能是错误百出；教师尽管强调数学的意义，学生却仍然认为数学是毫无意义的符号游戏等。学生真正获得对知识的"消化"，是把新的学习内容正确地纳入已有的认知结构，从而使其成为整个结构的有机组成部分。教师把知识"抛"得越快，学生忘得越快。教得多并不意味着学得也多，有时教得少反而学得多。究其原因，是学生缺乏对数学知识主动的建构过程。

建构主义认为，高中数学课堂应强调以学生为中心，认为学生是认知的主体，是知识意义的主动建构者，学生的主体地位是任何人，包括教师都不能代替。教师只对学生的意义建构起帮助和促进作用,在课堂上教师应将问题情境还给学生,让学生在知识的合理建构中充分享受好的数学教育及其具有的生动内涵,不应让学生感到厌恶,而应让学生思维活跃,发现有趣的推导。

（1）强调以学生为中心

要在学习过程中充分发挥学生的主动性,要能体现出学生的首创精神,使学生体会知识建构的乐趣。要让学生有多种机会在不同的情境下去应用他们所学的知识;要让学生能根据自身行动的反馈信息来形成对客观事物的认识和解决实际问题的方案。

（2）强调"情境"对建构的重要作用

建构主义认为,学习总是与一定的社会文化背景即"情境"相联系的,在实际情境下进行学习,可以使学习者利用自己原有认知结构中的有关经验去同化和索引当前学习到的新知识,从而赋予新知识以某种意义。如果原有经验不能同化新知识,则要引起"顺应"过程,即对原有认知结构进行改造与重组。总之,通过"同化"与"顺应"才能达到对新知识意义的建构。在传统的课堂讲授中,由于不能提供实际情境所具有的生动性、丰富性,同化与顺应过程较难发生,因而将使学习者对知识的意义建构发生困难。

（3）强调"协作学习"对建构的关键作用

建构主义认为,学习者与周围环境的交互作用,对于学习内容的理解（对知识意义的建构）起着关键性的作用,这是建构主义的核心概念之一。学生在教师的组织和引导下一起讨论和交流,共同建立起学习群体并成为其中的一员。在这样的群体中,进行协商和辩论,通过这样的协作学习环境,学习者群体（包括教师和每位学生）的思维与智慧就可以被整个群体所共享,即整个学习群体共同完成对所学知识的建构。

3.建构主义的教学观

真正决定数学课堂的不是写在书上的观念与规定,而是天天和学生接触的教师。尽管专家花了大量的精力认真准备了课程标准和教材,但是一到学校,教师一个人便决定了一切。

建构主义的数学教学观同我国数学教育家积极倡导的"让学生通过自己思维来学习数学"的内在本质是一致的,在一定意义上说,我们认为没有一个教师能够教数学,好的教师不是在教数学而是能激发学生自己去学数学。好的教学也并非把数学内容解释清楚,阐述明白。事实上,教师往往会发现在教室里除了自己以外,学生并未学懂数学。教师必须让学生自己研究数学,或者和学生一起"做数学"。教师应鼓励学生独立思考，并接受每个学生"做数学"的不同想法；教师应积极为学生创设问题解决的情境，让学生通过观察、试验、归纳，做出猜想、发现模式、得出结论并证明、推广等。只有当学生通过自己的思考建构起自己的数学理解力时，才能真正学好数学。例如教师在讲授勾股定理时，让学生通过对图形的割、补、拼、凑，发现直角三角形三边之间的数量关系，这样不仅使学生认识了勾股定理，熟悉了用面积割补法证明勾股定理的思想，而且更重要的是培养了学生的数学思维能力和自我探究的习惯，激发了学生学习数学的兴趣。作为教师要始终让学生参与并时刻自己调控，教师要站到学生的立场考虑问题。

在数学问题解决的学习中，教师要尽量通过问题的选择、提法和安排来激发学生的学习兴趣，唤起他们的好胜心与创造力。问题的选择要在学生能力的"最近发展区"内，并设法使得提法新颖，让学生坐不住，欲解决问题。例如"25^2是几位数？用对数计算"问题提出后，学生不怎么感兴趣，教师可以换一种说法："某人听到一则谣言后一小时内传给两人，这两人在一小时内每人又分别传给两人，如此下去，一昼夜能传变一千万人口的大城市吗？"这样一发问，学生有了解决此问题的兴趣和积极性，效果就大不一样。起先，谁都认为这是办不到的事。经过认真计算，发现的确能传遍。结论出人意料，但又在情理之中，这样的发问既能引起学生的跃跃欲试，又能使学生通过解决问题受到思想教育。正如著名数学家华罗庚所说的："有了兴趣就会乐此不疲，好之不倦，因之也就会挤出时间来学习了。"建构主义的教学观正是要求教师充分发挥高中生的特点，让学生组织，让学生自己做数学，让学生体会其中的兴趣，让学生感悟数学美。

4.建构主义思想对数学学习的指导意义

（1）建构主义强调主体的感知

建构主义认为，数学学习是一个主动建构的过程，必须突出学习者的主体地位和作用。一切数学知识、技能和思想的获得都必须经过学习者主体感知、消化、改造，使之适合自己的数学认知结构，这样才能被理解与掌握。对学习者来说，应该充分利用教师指导的有利条件，但又不能以此为唯一的依靠。发挥自己的主观能动性，按照自己的实际，用"跳一跳"的方式去学习，才能获得最佳的效果。

（2）建构主义强调外部环境的制约和影响

要使数学学习学有所得，真正形成优良的认知结构，就必须有一个反思、交流、批判、检验、改进、发展的过程。因此，数学学习在一定程度上总要重复历史的主要过程，即重视人类对数学的建构过程。对学习者来说，不应满足自己的一己之见，而应重视与教师及其他同学的交流，通过交流实现再提高。

（3）建构主义强调学习是发展，是改变观念

按照建构主义的看法，知识就是某种观念。因此，知识是无法传授的，传递的只是信息。学习者应该对这些信息作观念的分析与综合，进行有选择的加工与处理。认识与发展是一个不断发展与深化的过程。因此，学习者的认知结构也就有一个不断发展、不断建构的过程。这种在发展中学习、在学习中改变观念的观点，对指导数学学习是十分有利的。

（二）合作学习理论

合作学习是我国新一轮课程改革所倡导的一种重要的学习方式，小组合作学习是其基本形式。合作学习不仅是一种个体的学习行为，还是一种群体活动行为。合作学习理论本身就是起源于 20 世纪现代社会心理学的研究，从社会心理学角度，有针对性地认识合作学习中的几种典型的个体行为很有现实理论指导意义，它有利于对合作学习中小组成员的行为与思想的变化形成更清晰的认识，以便采取更有利的措施。

1. 社会惰化效应

社会心理学把一个人在群体中工作不如单独一个人工作时更努力的倾向称为社会惰化效应。按课前预想，合作学习是"三个臭皮匠顶个诸葛亮"，即整体效果大于部分之和的效果；但在合作学习中，往往能发现小组成员你推我让，抱怨所分配的任务太多或不喜欢，习惯把困难推给其他成员，最终不能完成任务，造成整体小于部分效果的社会惰化效应。

（1）不公平感

人们常常习惯把自己付出的努力和所得的奖励与别人（或过去的自己）付出的努力和所得的奖励进行比较，如果比较证明是公平的、合理的，那么就会心情舒畅地继续努力工作，如果比较得出相反的结果，就会产生不公平感，影响其积极性的发挥。

（2）"责任分散"

所谓责任分散是指在与他人共同工作时，个人责任感下降，将工作推给别人去做的倾向。产生责任分散的原因是指向群体的责任压力在群体中分散开来，落到每个人身上的责任就很少了。因此，个人没有什么责任压力，反而互相依赖，产生推诿。我们看到，人越多，责任分散得越厉害，个人的责任感越低，而减少人数会增强责任感。

2. 去个性化

去个性化是指个体在群体中可能失去自我认同感和责任感，失去自我控制，行为放肆，表现出单独时不会做出的行为。这种自我控制能力的下降，往往使得个别学生违规行为增加，责任感普遍淡化，干出平时不会做出的事情。许多研究报告显示，有些学生（特别是低年级学生）在合作学习时会表现出不同程度的平时并不多见的异常兴奋现象，比如肆意高谈阔论、争论声音过大、随便走动、随便提问等"吵吵闹闹""乱哄哄"的去个性化现象。导致去个性化的关键因素是匿名作用和责任分散。由于匿名作用和责任分散，有些学生出现了说话不负责任、行为较平时张扬的情况。

合作学习情境中的去个性化确实能导致消极作用。比如，课堂小组合作活动中，乱哄哄的讨论看似激烈，但对解决问题却没有真正的意义，学生高谈阔论，可能会干扰其他小组的正常讨论。同时应看到去个性化有时也可发挥比较积极的意义，因为从某种程度上理解，去个性化是学生比较自由、比较投入地参与合作的表现，在这种状态中学生敢于自由想象、标新立异和创新，其个性也获得了发展。

3. "搭便车效应"和"马太效应"

所谓"搭便车效应"，是指在利益群体内，某个成员为了本利益集团的利益所做的努力，集团内所有的人都有可能得益，但其成本则由这个人承担，这就是"搭便车效应"。在合作学习中，虽然全体小组成员客观上存在着共同的利益，但是从社会心理学的角度看，却容易形成"搭便车"的心理预期，如个别学生活动时缺乏主动性或干脆袖手旁观、坐享其成，也有的学生表面上看参与了活动，实际上却不动脑筋、不集中精力，活动中没有发挥应有的作用等。

产生"搭便车效应"的原因很多。首先，异质分组客观上使学生的动机、态度和个性有差异；其次，许多学生没有完成合作技巧的培训，对于合作学习评价的"平均主义"，即只看集体成绩不考虑个人成绩的做法采取消极应对办法。

"搭便车效应"的危害非常大，在合作学习过程中，如果更多地强调"合作规则"而忽视小组成员的个人需求，可能会使每个人都希望由别人承担风险，自己坐享其成，这会抑制小组成员为小组的利益而努力的动力，而且"搭便车"心理可能会削弱整个合作小组的创新能力、凝聚力、积极性等。

"马太效应"是指学习能力强的学生，发言机会就多，而发言机会越多能力越强，学习能力弱者反之，造成优者越优，差者越差，两极分化。在小组合作学习中，常常碰到这样的情况，能力较高的成员受到尊重，并取得领导地位，甚至抢尽风头或牺牲其他组员的利益来自我获益；而能力较低的成员则完全丧失了合作学习的兴趣。

消除合作学习中"马太效应"的消极作用，要求我们努力实现评价的社会公平感。"马太效应"导致学生参与度不均衡的主要原因是学生的个人职责不明确，以及教师只关注小组的学习结果，不注意学习过程和个人的学习进步。所以，在合作学习的评价中，教师不仅要关注学习结果，更要关注学习过程，教师还需要讲究评价策略，做到指导与激励相结合，对不同发展水平的学生有不同的要求，应关注每一位学生，特别是对小组中能力较差的学生更应关注他们的点滴进步。

4. 从众效应

从众效应是指在群体活动中，当个人与多数人的意见和行为不一致时，个人放弃自己的意见和行为，表现出与群体中多数人一致的意见和行为方式的现象。从众也就是我们日常俗语中所说的"随大流"。

学生需要的是具有积极意义的从众效应，反对的是消极的、盲目的从众效应。首先，合理组建合作学习小组；其次，必须坚持民主集中制，解除小组群体的压力，建立鼓励所有成员自由发挥自己不同意见的规则；最后，教师一定要注重培养学生独立思考的习惯，为学生创设思考问题的情境，注意答案的多样化，扩大学生的思维空间，提高学生的批判力。

第二节　学校采取措施支持教师专业化成长

目前，随着教育改革的深入，"科研兴校"的教育理念也逐渐深入人心，得到了广大教育工作者的认同。很多学校的领导和教师已经认识到教育科研的重要性，并逐步探索创新的、科学的理论和方法。

一、完善三项机制，建设人本化的研究环境

教师是教育科研的生命，是教育科研的中心，是教育科研的主体，教育科研工作必须以教师为本。教师只有不断创新、主动进行教育研究，才能真正实现"科研兴校""科研兴教"的教育梦想。对此，各学校应通过完善三项机制，积极为教师营造健康的科研环境，促进教学研究，提升教育质量，促进学生的全面、健康发展。

（一）完善培训机制，使教师"会研究"

制度是实践的保证和依据，学校培训制度的建设和完善最终是为了提升教师的素质，是达到无意识境界而采取的一种有意识手段，俗话说："不以规矩，不能成方圆。"学校应通过完善培训制度，促使教师向"会研究"转变。

（二）完善激励机制，使教师"想研究"

激励机制是提高管理效能的一种有效手段，能在很大程度上调动教师的积极性，激发教师工作与学习的兴趣。为营造浓厚的教科研氛围，加大对教师的"充电"力度，鼓励全体教师参与教育科研，加强自修意识，可从以下三个方面强化激励和引导。

首先，领导带头参与。学校领导应对课题研究给予全方位支持，为综合实践课题组收集研究信息提供极大方便。其次，激励全员参与，把教科研工作纳入教师综合考核，从课程开发、继续教育、发展成果三个方面对教师的专业化发展进行评价，有效激发教师参与教科研的积极性。最后，典型带动参与。对教科研成绩突出的教师和学科组，除了兑现考评政策，还给予物质奖励，在宣传栏中张贴光荣榜，以实实在在的荣誉激励教师主动参与教科研工作。

（三）完善保障机制，使教师"能研究"

保障机制的原意是指保证机器各部分能够正常运作的有效作用方式和运行关系。教育学领域下的保障机制属于教育的功能机制范畴，一般有物质保障（基础）、精神保障（导向）、制度保障（核心）三个方面，在教育的运行过程中，这三种方式一般同时被采用并发挥其最大作用。各学校应从这三方面做起，建立完善的保障制度，促使教师"能研究"。

二、搭建三个平台，实施特色化的校本教研

以校为本的教育研究，就是将教研的重心转移到学校，要求校本教研必须从学校实际出发，遵循教育发展规律，开创符合学校实际的特色化教育科研之路。开展有效教学研究，不仅可以提高教师的教学及科研水平，促进教师专业化发展，还可以减时增效，提高学校的教学质量，提升学校的办学水平。各学校应紧紧围绕有效教学研究这个核心，积极创建三个平台，扎实开展校本教研活动，形成自己的特色。

（一）创新平台

创新即"163"高效课堂研究。创新平台以学生为主体,把培养学生的学习兴趣,训练学生的思维能力,训练学生的语言表达能力,训练学生的问题意识、合作意识,训练学生的动手能力作为高效课堂目标,创新课堂方式、方法,把提高课堂效率作为高效课堂的最终目的。教师要在已有课堂平台的基础上优化、创新,使课堂45分钟真正做到减时增效。

围绕"减时增效"主题,经过深入调研、自主探索,创造性地提出"163"高效课堂。"163"高效课堂的概念有两层含义:课堂结构上,围绕"教学目标"一个中心,落实"明确目标、自主学习、合作探究、展示交流、点评拓展、总结检测"六个环节,建构"自我感知、合作深化、点拨提高"三个课段;课堂时间上,按1:6:3的比例分配,自我感知阶段占10%（5分钟）,合作深化阶段占60%（27～30分钟）,点拨提高阶段占30%（10～13分钟）。

（二）制度平台

制度即日研讨和周公开课两项制度。作为最常见和最典型的教研活动,研讨课、公开课是学校教研活动的主要形式和重要载体。为了进一步提高学校的教科研水平,壮大师资力量,提高师资综合水平,学校强化研讨和公开课制度,为高效课堂的创建提供师资制度保障。

日研讨制度:课前,组内教师轮流说课,讨论和明确当天授课的重难点、关键点、突破口、可能出现的问题以及解决方法;课后,组内教师互相交流课堂上遇到的难点和困惑,重点针对生成性问题和突发事件,讨论最佳解决方案,提高课堂效率。

周公开课制度:各备课组每周安排一名教师执讲公开课并提前一周确定相关事宜,教务处汇总后通过校园网发布公告;讲课之后立即组织评课,每人提出的正反面意见均不得少于两条,确保问题找得准、原因分析得透;如果因走班课程较多无法调课,则安排人员录像,然后组织观摩评课。

（三）活动平台

活动即高效课堂模式探究达标和高效课堂展示两项活动。在教育改革的大潮中,各学校应以改善乃至改革课堂教学方式、提高课堂教学效率为突破口,从而突围应试教育,深化素质教育,从而进一步提高教科研水平。在此基础上,还应鼓励教师借助高效课堂模式探究达标、高效课堂展示两项活动,提高教科研水平,夯实教科研能力。

三、坚持三个"贴近"，开展实用化的课题研究

新教育呼唤新教师。新的教育需要的不再是"教书匠"，而是能探讨育人规律、反思自身教育实践的"研究型"教师。课题研究是教师教育科研的主要形式，它必须符合新时期的教育课程改革要求，符合学校的教育、教学实际，能够促进学校教学质量的提升和学生的全面发展。在课题研究中，应坚持"三贴近"原则，努力实现研究效益的最大化。

（一）贴近新课程理念

教育改革要求教师的课题研究要贴近新课程理念，贴近教育教学实际情况，发展教师教学艺术，引导学生体验学习的乐趣，鼓励学生寻求一种适合自己发展的方式参与学习，鼓励教师借助新课程平台，推行小组合作学习模式，从而不断提高学生的自主探究能力。

（二）贴近教学实践

素质教育应该针对人的基本品质和发展潜能进行，应该尊重人的本身素质，提高人的智力品质和非智力品质。素质教育要面向全体学生，为每个学生的全面发展创造适宜的条件，按照学生身心发展特点和教育规律，使学生生动、活泼、主动地得到发展。这就要求教师在教育教学以及课题研究过程中要贴近教学实践，在实践中让师生共同展现自我、提高自我、完善自我。

（三）贴近专业引领

一所学校能否发挥其特色效能，一所学校的学生能否得到优质教育，关键是看这所学校中教师的专业是否得到发展、个性是否得到张扬、学校各项制度是否点燃教师的发展激情，如果满足以上条件，那么这所学校的教师是幸福的，这所学校的学生是幸福的，这所学校的发展也就是长久的。因此，坚持专业引领是加强教师教科研能力、促进学校全面发展的重要手段。

为激发教师研修的内驱力，开发教师潜能，学校应立足教师心理需求，盘点过程绩效，剖析过程疏漏，改革管理模式，通过"请进来"与"靠上去"相结合的专业引领方法，结合相关专家的大力支持，推进课题研究的专业化发展。"请进来"即各课题组每次召开课题研究例会、举行研讨课和观摩会，聘请教研员参加，虚心听取意见建议，有效解决生成性问题。"靠上去"即依靠高校等科研机构，寻求高层次的专业引领。

第三节 信息技术促进高中数学教师专业化发展

信息技术的运用改变了传统的教学方式和学习方式，已成为教育发展必不可少的因素，给教育的发展带来了生机和活力。信息技术对教育教学的发展起到了重要的作用。这就要求教师必须不断学习新的知识和技能，不断转变职业角色和职能，提高自身的专业素养。

一、在信息技术支持下确立专业化发展理念

在信息技术的不断更新和发展下，教师在课程改革的发展过程中要特别关注四个方面：一是关注环境，将外在因素转化为自身的专业化发展过程，提高自己的专业化发展意识。二是关注自我，正确认识自己的专业程度，分析自己不同时期专业化发展的主题，不断超越自我。三是关注生活，将自己的日常生活、专业生活和专业化发展融合、统一。四是关注进步，在专业化发展中释放自己生命的活力，享受专业化发展的成功体验，巩固自己的专业热情。在知识经济时代，知识更新的速度成倍加快，面对这样的现实，教师必须不断更新和深造自己的知识和技术，这就要求教师成为一名终身学习者，并以这种姿态影响学生。教师不仅要关注所教学科方面的知识，还要关注其他领域的最新成果和动态。

二、在信息技术环境下提升教师自身素养

教育的迅猛发展要靠教师的专业化发展支撑。数学教师对数学知识的容纳，要有永不满足、永不自满的精神，及时主动地接纳和吸收新的各种知识，丰富自己的学识和情感，同时认真研究教学方法，及时总结教学经验，不断更新知识，改进教学方法和手段，使自己渊博的知识和全新的教育理念伴随着时代的步伐，在自己的课堂教学过程中得到更好发挥。

教育部在《基础教育课程改革纲要（试行）》中指出："大力推进信息技术在教学过程中的普遍应用，促进信息技术与学科课程的整合。逐步实现教学内容的呈现方式、学生的学习方式、教师的教学方式和师生互动方式的变革。"教师可以深切地感受到，信息技术是提升教师专业能力和素养的一个重要方面。从推进课程改革和信息时代的要求出发，研究教师专业素养的结构，积极开展信息技术环境下教师学科专业素养提升的研究，是提高教师专业能力、提升学校办学品

位的有效途径。教师在课堂教学过程中，不仅要充分利用自己的知识和技能，还要注意追踪信息技术资源的最新成果，注意了解信息社会和网络环境下师生在信息技术运用上的变化，以提高教学效果。

因此，教师要有正确使用信息技术的意识和态度，能认识到信息时代有效获取及利用信息的重要性，能确立有效利用信息进行终身学习的新观念，并且具有利用信息为个人和社会发展服务的愿望。教师要有一定的信息技能，能够掌握信息技术的基本知识、常用软件工具的基本操作，以及信息技术检索的主要策略与技巧，能够合法地检索并获取信息。教师还要能够进行信息技术的应用与创新，能够自觉开展信息技术与课程教学整合的实践活动。

三、高中数学教师应注重信息技术在课堂教学实践中的运用，从而实现专业化发展

信息技术的发展给教育本身带来了巨大的冲击，新的信息教育媒体的出现，引起了教育模式和教学方法的飞跃。在课堂教学过程中，教师利用信息技术授课时要熟练掌握好导入技巧、讲解技巧、教学媒体的运用技巧、变化技巧、强化技巧、结束技巧，这是信息技术在课堂教学中提高教学效率的重要保证。一名优秀的教师必须具有良好的教学能力。随着教学理念和学习理论的发展，教师的教学能力有了新的内涵。

在课堂教学时运用信息技术进行辅助教学能使教学变得直观、生动，能提高学习效率，特别是在课堂授课时，多媒体技术集文字、图形、图像、声音、动画等功能于一身，不受时空限制，直观、形象、生动，有较强的感染力。这就要求教师必须勤于耕耘，不断探索，不断创新，力所能及地利用信息技术为教学手段，营造一种积极愉快而又富有智慧的教学情境，更好地将学生的情感与认知、感受与理解、动手与动脑、学习的主体与教师的主导有机地结合起来。

教育发展的关键在教师，不断提高教师的业务素质，不断创造条件提高教师的信息素养，加强教师有效利用信息技术进行教学的终身学习。数学教学是一门专业，数学教师作为教育教学专业人员，要经历一个由不成熟到相对成熟的发展历程，而成熟是相对的，发展则是绝对的。数学教师必须沿着专业化的方向发展，可以把教师专业化发展理解为教师不断成长、不断接受新知识、提高专业能力的过程，通过不断学习、反思和探究来拓宽专业内涵、提高专业水平，从而达到专业成熟的境界。

第四节　电子备课推进数学教师专业化发展

备课是教师一项必不可少的工作。当教师走上三尺讲台就必然与备课结下不解之缘，因为教师要想把课堂教学组织好，要想提高课堂教学效益，就要做好课前的充分准备，要做到不备课不上课。过去，教师的备课是传统的手抄备课。随着社会的进步、人类的发展，现代化的办公手段逐步走入教师的生活和工作中，网络的发展使人类进入一个快速获取资源的时代，也把学校带入一个新的历史时期。这样的时代一定程度上促进了当前我国基础教育课程的改革，为这一改革的推行和实施提供了前提条件，目前全国大多数校园已经建立了自己的专用网络并与互联网（Internet）网络进行连接，大多数学校都已建立了多媒体大教室、计算机机房，并逐步建立了多媒体教室，多媒体教学已成为现实。

随着计算机技术及知识的不断普及，教师计算机水平的不断提高，为高中数学教师的专业化发展提供了广阔的天地。其中电子备课取代传统的纸质备课完全成为可能，成为教育教学改革新时期的前沿内容。学校应当与时俱进，把现代化的办公手段——电子备课纳入学校的教学中来，将电子备课作为教育信息技术推进高中数学教师专业化发展的重要内容。

传统的备课方式主要是通过教师手写在纸质的备课本上，这一备课方式有很多的不足。教案的形成速度慢，形成后大幅修改耗时、收藏整理占用空间大、后期查阅不好找、不能大范围查阅等，尤其是高中数学教师备课的劳动量大，任务繁重。一个教学案例内容繁多，公式杂乱，立体图形、空间图形手绘工程量大，导致高中数学教师在传统备课中与其他学科的教师相比要花费大量的时间和精力，运用电子备课就能很好地克服这一系列缺点，极大地缩短高中数学教师的备课时间，既避免重复备课又继承了以往的经验成果，既有利于教案创新又方便了数学教师之间的相互交流。具体来说，电子备课在高中数学教学中的作用有如下几个方面。

一、电子备课提高了备课的效率，解决了教学资源不足的问题

以前，教师备课时都是拘泥于教材、受限于教参，总感觉资料太少、教学资源不足，总是收集老备课本加以复制，费时费力，稍有出错，就得用笔修改，很

不美观，严重时只能重新抄写，从而增加了教师的工作量，减少了教师真正用来备课上课的时间。这种传统的备课方式离不开纸笔，备课速度缓慢，沉重、烦琐的抄写令教师劳力伤神，已成为教学中极不受欢迎的一项机械、呆板的工作，对于高中数学教师的专业化发展越来越起到抑制、阻碍的消极作用。电子设备可以随意修改，直到满意为止，并且可以设置你想要的字体、颜色等，电子备课和上课的课件配套使用，还能让学生看到生动的画面，听到悦耳的声音，给学生以感官的认知，让他们留下深刻的印象等。

教师在轻松的氛围中很容易突出重点、难点，较为彻底地摆脱手工书写教案的种种苦恼，节省出来的大量时间可用于对专业的学习和研究，可用于课堂教学设计和情境的创设。此外利用电子设备，高中数学教师还可以从浩如烟海的网络中撷取有利的教学资源，加以整合，汲取精华，因地制宜地制作各种教学课件，丰富教学内容，再加上通过网络和网上邻居进行资源共享，教师能很容易地得到其他教师的教学方案，这必然会开阔教师的备课思路，帮助教师更加准确地理解和把握教材，解决了教师备课中资源不足的问题，可以不断补充和完善教案，既方便又快捷，并且页面仍旧清晰美观，从而大大提高了备课的效率和质量。

二、电子备课拓宽了教师信息来源的渠道

数学教师可以利用计算机技术与网络技术很方便地找到自己所需要的资料和课件，使教师有更多的时间去钻研教材、教参的编排意图，思考课堂教学设计，辅导班级里的学生和准备其他的教学工作，为落实、提高教学质量提供了保证，这无形中促进了高中数学教师的专业化发展。

三、电子备课便于整理收藏和查阅，提高了备课的效率

传统的手写备课笔记，一本本保存起来很占用空间，翻阅时又显得麻烦。教师可以通过电脑将备好的课归类整理，今后如要查看，只需要轻敲键盘，资料便立刻显现于眼前，很是方便。通过电子备课，教师可以把平时接收到的教学资源、课件和信息，通过快捷的下载、复制和输入功能，及时收藏到原来的教学设计中，教师可以通过电脑将备好的课归类整理、长期保存。复习时将保存的资料拿出修改、补充和完善，再次利用时会非常方便。另外，资源存放不受时间、空间限制，也使学校及教师建立自己的资料库、试题库成为可能，从而充实了备课资源，并为今后的检索和再现提供了条件。这些无疑成为高中数学教师专业化发展的必经之路。

四、电子备课能大范围传阅、交流

教师与教师之间的备课内容无法直接共享，导致信息孤立封闭，教案交流极不方便，尤其是年轻教师，他们在教学中存在的许多问题都源自备课时的不充分，这种"单枪匹马"的备课方式需要改革。电子备课能在校园网内和校园网外，能在教师博客、全国教师论坛等网络上与各地的教师交流、探讨。

此外，在本校，教师还可以进入同事的电子备课室，取人之长，补己之短，相互提高。电子备课由于能充分发挥教师的创造力和想象力，加之图文并茂，生趣盎然，因而更具有大范围传阅、交流的潜力。这无疑又促进了数学教师的专业化发展。

五、电子备课能提高教师的备课热情，促进教师的专业化发展

电子备课，教师因备课高效而高兴，学生因利用网上资源在多媒体教室上课而兴奋，高中数学教师在网上筛选优质的教学案例、影像、课堂练习等教学资源，通过相应的程序，制作成生动形象的多媒体课件，以及适合自己教学风格的教案。在教学时，电子备课不但能使学生明白公式的原理，还能增加教学内容的深度和广度，从而提高教学效率和教学效果。教师和学生因此都提高了对教和学的兴趣，而兴趣是最好的老师，高中数学教师由于使用电子备课带来的教学上的兴趣，反过来又促进了自身的专业化发展。

六、电子备课有利于教研组的成长和发展

数学教师集体电子备课，操作简便易学，因此数学教师可以投入更多的精力深入钻研，精心设计课堂教学，这既提高了教研效率，又引领了全员参与。这样的备课是开放式的、论坛式的、互动式的，更是共享式的，方便了教师之间相互探讨学习，切磋借鉴，是一种无形的交流，浓郁了教研氛围，促进了组内研究的深入开展，在提升备课质量的同时，也相应促进了高中数学教师的专业化发展。

七、电子备课规范了学校的常规化管理

备课管理无疑是学校教学常规管理的重要组成部分。教导处每月的教师检查，纸质教案量大、笨重，查阅甚为不便，费时耗力，效果不佳，也没有促进教师去备好教案，一些教师的所为只是为了应付检查，而电子备课，检查者只需要打开

电脑，全体教师的电子教案便一目了然，检查省时、轻松，出成效，教导处也能腾出更多的精力去督促教师做好电子教案，从整体上提高全体教师的教学效率。这无疑也推进了高中数学教师的专业化发展。

目前，现代教育科学技术的成果不断地深入教育领域，已使教师教育思想、教育内容、工作形式、方法和手段都发生了很大的变化。在网络技术高速发展的背景下，各学校应充分利用教育信息技术和网络资源，加强信息技术与数学教学的整合，使高中数学教学工作走向高效，推动高中数学教师的专业化发展取得长足进步。

参考文献

［1］白志峰.追课实录：高中数学课堂内外教育教学探索［M］.北京：北京理工大学出版社，2018.

［2］常发友.数学建模与高中数学教学［M］.长春：吉林人民出版社，2020.

［3］单风美.高中数学教学方法研究与实践［M］.天津：天津科学技术出版社，2018.

［4］董万宾.高中课堂教学设计汇编·数学篇［M］.北京：北京邮电大学出版社，2018.

［5］冯斌.基于高中数学核心素养的教学设计与反思［M］.宁波：宁波出版社，2018.

［6］高慧明.高中数学思想方法及应用［M］.福州：福建教育出版社，2018.

［7］何睦，罗建宇.高中数学章节起始课的教学研究与案例设计［M］.哈尔滨：哈尔滨工业大学出版社，2019.

［8］侯灵利.高中数学教学策略研究［M］.北京：团结出版社，2020.

［9］乐兴贵.高中数学课堂教学策略研究［M］.延吉：延边大学出版社，2019.

［10］李秉福.高中数学教学中数学文化的渗透研究［M］.长春：吉林人民出版社，2020.

［11］李秋明.高中数学课堂有效教学方略［M］.上海：同济大学出版社，2017.

［12］李秋明.高中数学课堂有效教学方略［M］.上海：同济大学出版社，2018.

［13］梁文贵.数学史料与高中数学教学［M］.天津：天津科学技术出版社，2020.

［14］刘世坤.高中数学教学经验［M］.北京：现代出版社，2020.

［15］马刚.高中数学教学与高效课堂［M］.成都：成都时代出版社，2020.

［16］孟胜奇.高中数学发展性教学顶层设计［M］.长春：东北师范大学出版社，2017.

［17］牛传勇.高中数学教学理论与实践［M］.北京：中国纺织出版社，2019.

［18］师前.高中数学教学"三思"［M］.上海：上海交通大学出版社，2018.

［19］孙国林.高中数学教学探究与思考［M］.延吉：延边大学出版社，2018.

［20］王建伟.高中数学教学指导［M］.延吉：延边大学出版社，2018.

［21］王克亮.高中数学教学"问题驱动"的探索与实践［M］.苏州：苏州大学出版社，2017.

［22］魏平义，潘静，杨永东.高中数学基本理念思考与实践教学［M］.长春：吉林人民出版社，2020.

［23］徐卫兵.高中物理教学中渗透数学思想方法的实践研究［M］.苏州：苏州大学出版社，2017.

［24］杨贵武.初高中数学衔接教学研究［M］.长沙：湖南师范大学出版社，2019.

［25］于健，赵新，黄辉.大数据下高中数学教学研究［M］.长春：吉林人民出版社，2019.

［26］于利合.核心素养理念下的高中数学教学策略［M］.长春：吉林人民出版社，2019.

［27］张宏伟.创新思维与高中数学教学［M］.延吉：延边大学出版社，2018.

［28］张沭.高中数学教学策略与方法研究［M］.延吉：延边大学出版社，2019.

［29］郑喜中.学科教学指南：高中数学［M］.广州：广东高等教育出版社，2017.